SHAKESPEARE

Jean-Michel Déprats

puf

À lire également en *Que sais-je ?*

Frédéric Regard, *La littérature anglaise*, n° 159.
Alain Viala, *Histoire du théâtre*, n° 160.
Alain Viala, Daniel Mesguich, *Le théâtre*, n° 3894.

ISBN 978-2-13-072984-6
ISSN 0768-0066

Dépôt légal – 1re édition : 2016, avril

6, avenue Reille, 75014 Paris

Introduction

Shakespeare se joue sur toutes les scènes du monde, en Italie comme en Allemagne, au Japon, en Inde, en Chine, dans toutes les langues, dans tous les festivals. C'est l'auteur dramatique le plus connu, le plus lu, le plus commenté. Shakespeare, c'est le grand théâtre du monde par l'universalité de ses sujets, l'ouverture de champ de son œuvre, sa richesse thématique, son ambiguïté ou son relativisme critique, par sa réflexion constante sur le théâtre et la théâtralité, par la luxuriance de son verbe, qui appelle mais défie la traduction. Shakespeare fascine encore par ses intuitions sur la politique et sur la violence, par les aperçus vertigineux qu'il offre sur le refoulé et les zones sombres de ses personnages. Son œuvre embrasse tout, dans une langue éclatante et obscure, creusée d'abîmes et constellée de métaphores inédites et somptueuses.

Shakespeare est aussi l'un des très rares créateurs de mythes : Hamlet, Roméo et Juliette, Othello, Falstaff, le roi Lear… Depuis quatre siècles, ses personnages n'ont cessé de s'incarner au théâtre, mais aussi d'inspirer écrivains, peintres, musiciens, compositeurs, chorégraphes ou cinéastes.

Mais qui était-il vraiment ? Était-il catholique ou protestant ? monarchiste ou démocrate avant la lettre, tenant la balance égale entre tous, magnifiant les gueux, égratignant les grands ? Était-il misogyne, dénonçant la part maudite de la femme dans une vision encore médiévale ? N'est-il pas au contraire l'auteur qui exalte le plus les femmes, leur loyauté, leur générosité, leur esprit de sacrifice, leur courage, leur humour ? N'aimait-il pas plutôt les hommes, lui, le chantre de l'amour-passion hétérosexuel ? Et surtout, ce Shakespeare tant aimé, tant célébré, est-il vraiment l'auteur de cette œuvre immense, quasi encyclopédique, qui continue de nous émouvoir et de nous faire réfléchir aux ressorts du monde extérieur et aux arcanes secrets de notre monde intérieur ?

Pour comprendre Shakespeare, il faut le saisir dans cet art écrit sur du sable qu'est le théâtre. Ses mots sont destinés à des bouches, à des nerfs, à des muscles d'acteurs. C'est par le théâtre, art imparfait mais concret, que ses œuvres prennent toute leur force. Le geste, comme la voix, est consubstantiel à l'écriture poétique d'un texte entièrement tendu vers la représentation. Les pièces de Shakespeare programment, décrivent ou suggèrent des gestes[1].

En ce sens, l'enjeu de la retraduction de Shakespeare est moins de rechercher une autonomie d'écriture en français que de tenter de ressaisir le geste qui institue l'œuvre et commande la parole théâtrale[2], car tout texte de théâtre appelle son inscription vivante dans le corps, la voix et le jeu de l'acteur. Le chemin le plus fécond pour préserver ou recréer la théâtralité – oralité et gestualité – est celui d'une littéralité soucieuse de la densité des images, de l'ordre des mots et de leur nombre. Le dessein poursuivi étant de préserver l'économie rhétorique et imaginaire du texte et de tenter

1. J.L. Styan (in *Shakespeare's Stagecraft*, Cambridge, Cambridge University Press, 1967, p. 53) parle de « poésie gestuelle » (*gestic poetry*).
2. Voir J.-M. Déprats, « Traduire Shakespeare. Pour une poétique théâtrale de la traduction shakespearienne », in Shakespeare, *Œuvres complètes I*, éd. J.-M. Déprats et G. Venet, Paris, Gallimard, « Bibliothèque de la Pléiade », 2002, t. 1, p. LXXIX-CXXI, notamment p. CVI-CXXI.

de restituer la *physique* de la langue, le défi consiste à élaborer pour le comédien une partition, un tracé d'interprétation d'autant plus porteur qu'il tentera de serrer le texte de près.

Hamlet, dans la scène centrale où il donne des conseils aux comédiens, ne définit-il pas le but de l'art dramatique et du jeu théâtral comme le projet de « montrer à notre époque et au corps de notre temps sa forme et son effigie[1] » ?

C'est dans cette perspective que nous tenterons de saisir les multiples masques de Shakespeare.

---

1. Shakespeare, *Hamlet*, in *Œuvres complètes I. Tragédies I*, éd. citée, p. 817.

CHAPITRE PREMIER

L'époque élisabéthaine

I. – Le Moyen Âge et la Renaissance

L'époque élisabéthaine est à la confluence d'un temps en train de mourir et d'un temps en train de naître. Période exemplaire de transition entre l'ordre ancien, féodal, et un ordre nouveau proposant des valeurs radicalement différentes, la Renaissance s'installe progressivement dans les mœurs et les esprits.

Au XVIe et au début du XVIIe siècle, une révolution scientifique transforme le monde de la pensée, modifiant l'idée de nature, la conception du monde et la place de l'homme dans l'univers. On assiste à l'effritement du système traditionnel des attitudes et des croyances, et à son remplacement par une nouvelle *Weltanschauung*[1]. Sans doute Shakespeare et ses contemporains ne pouvaient-ils vivre que sur le mode de l'angoisse cette mutation dans la conscience, cette confrontation entre deux ordres concomitants et antagonistes.

Les textes de Sénèque, l'une des principales sources de Shakespeare, reflètent la dislocation de la civilisation romaine et procurent une impression de fin du monde. Machiavel, qui n'est guère connu que par les écrits de ses adversaires, suscite un intérêt paradoxal car fondé sur

1. Voir H. Fluchère, *Shakespeare, dramaturge élisabéthain* (1966), Paris, Gallimard, « Tel », 1987.

une ignorance et un malentendu. Il semble professer une nouvelle idéologie matérialiste, individualiste. Il démontre que le monde et le système social médiéval ne sont plus en accord avec les faits. Le souverain n'est plus l'élu de Dieu : son pouvoir, il le tient de la force, tout comme ses vassaux. Montaigne, de même, commandera à l'empereur de considérer son empire comme « accident étranger ». La hiérarchie sociale n'a plus de fondement absolu, ne correspond plus à une volonté divine ; les lois elles-mêmes ne reposent plus sur un ordre immuable.

Cette remise en question profonde du système social traditionnel et la nouvelle vision rationaliste et matérialiste que propose Machiavel sont présentes dans l'œuvre de Shakespeare, mais, mise dans la bouche des *villains* – les personnages moralement transgressifs –, elles le sont souvent comme possibilité de s'opposer à la pensée traditionnelle. Ainsi Edmond, dans *Le Roi Lear*, conteste la loi, la tradition en affirmant la primauté d'une nature vitaliste à la fois primitive et nouvelle, qui bat en brèche la vision traditionnelle selon laquelle la Nature est un ensemble ordonné et immuable. Un peu plus tard dans la pièce (I, II, 110-116), il ironisera, en adoptant un point de vue presque scientifique, sur les croyances de son père, qui donne foi aux causes surnaturelles. Lear lui-même, parvenu presque au terme de sa trajectoire, découvrira après Edmond la relativité de la loi (IV, VI, 149-152). Les épreuves qu'il subit avec Gloucester, les dépouillant de leurs illusions et des attributs liés à leur fonction, les débarrassent des derniers lambeaux de la mentalité médiévale.

II. – L'Angleterre au temps de Shakespeare

Shakespeare naît en 1564 et meurt en 1616. Son œuvre (1592-1613) s'étale sur deux règnes, celui de la reine Élisabeth (1558-1603) et celui de Jacques Ier (1603-1625). Ben Jonson s'émerveillait que son ami et rival « ne fût pas d'une époque mais de toutes ». L'avènement de Henry VII, premier roi Tudor que Shakespeare met en scène à la fin de son *Richard III* sous les traits de Richmond, met un terme à la guerre des Deux-Roses, sanglant différend qui, depuis trente ans, oppose les Maisons d'York et de Lancastre. Le dénouement de *Richard III* célèbre cette paix, moment où l'Angleterre sort de l'ère féodale pour entrer dans celle de la monarchie autocratique.

À cette époque, elle est loin d'être en position de suprématie par rapport à ses voisins. Mais, dès Henry VIII, elle devient le plus dangereux rival d'Anvers et de Bruges, capitales des temps nouveaux. L'essor économique profite notamment à une nouvelle classe d'industriels qui amassent des fortunes considérables. La monarchie va devoir apprendre à se ménager ces parvenus, qui, sous les Tudors, accèdent au pouvoir.

Le règne d'Élisabeth est encore troublé par des oppositions de clans et des querelles intestines. Entre elle et les solliciteurs s'immiscent d'innombrables intermédiaires qu'il faut suborner, supplanter ou contourner. Élisabeth ne gouverne qu'en préservant un équilibre précaire entre les factions. Les abus de pouvoir, la convoitise des subalternes, les luttes entre les grands du royaume, « les fouets et la morgue du temps,/ Les outrages de l'oppresseur, la superbe de l'orgueilleux,/ [...] la lenteur de la loi,/ L'insolence du pouvoir, et les humiliations/ Que le patient mérite endure des médiocres[1] », forment la trame de la vie politique et quelques-uns des thèmes récurrents des tragédies et des comédies de Shakespeare.

Si le tournant du XVIe et du XVIIe siècle est synonyme d'essor économique et d'évolutions sociopolitiques, il coïncide aussi avec une crise religieuse sans précédent. Pour les philosophes et les théologiens du Moyen Âge, Dieu imprimait sa marque sur tout. La nature était objet de crainte ou de contemplation. Mais les savants de la Renaissance, eux, ont moins peur d'utiliser la nature comme un laboratoire. Ils l'expliquent même par des lois mécanistes. Période de transition par excellence, la Renaissance est le moment de ce déchirement entre le passé et le présent, entre l'idéal et le réel. Le théâtre élisabéthain s'en fait la chambre d'échos[2].

Révélateur de cette impossibilité à accorder la loi divine et le chaos du monde, le mal triomphe sur scène, notamment chez Christopher Marlowe (1564-1593), qui y introduit des personnages corrompus, au moins autant qu'on en trouve à la cour. Diplômé de Cambridge quoique fils de cordonnier, revendiquant haut et fort son athéisme, Marlowe, qui était peut-être espion à la solde de la reine, est assassiné le 30 mai 1593, à vingt-neuf ans, dans une rixe au sortir d'une taverne londonienne, à Deptford. Au seul Shakespeare étaient désormais dévolues la charge et la mission d'écrire la tragédie morale de cette époque.

1. Shakespeare, *Hamlet*, III, I, 69-73, in *Œuvres complètes I. Tragédies I*, éd. citée, p. 807 et 809.
2. Voir J. Paris, *Shakespeare par lui-même*, Paris, Seuil, « Écrivains de toujours », p. 9-21.

III. – Macrocosme et microcosme

L'écriture versifiée de Shakespeare est constellée de métaphores, constamment dynamisée par des réseaux d'images empruntées aux multiples domaines de l'expérience humaine, d'images surabondantes, qui font souvent le désespoir du traducteur, mais qui n'ont pourtant pas qu'un rayonnement poétique : elles sont aimantées par la vision que les élisabéthains se faisaient de leur monde. Héritière de la tradition aristotélicienne, celle-ci s'organise autour des notions de macrocosme et de microcosme, la sphère de l'univers et la sphère de l'homme étant structurées sur le même modèle[1].

Du point de vue cosmologique, bien que le système de Copernic ne soit pas inconnu, la physique de l'univers est toujours géocentrique, tributaire de l'ancien système de Ptolémée. Une division très nette s'établit entre le monde sublunaire, monde de la mutabilité, et le monde supra-lunaire, monde du constant. Au-delà s'étend l'empyrée, séjour de la divinité.

Du point de vue de la constitution physique, quatre éléments – le feu, l'air, l'eau et la terre – composent la matière selon des combinaisons différentes entre les quatre qualités fondamentales que sont le chaud, le froid, l'humide et le sec. De haut en bas, l'échelle des êtres distingue d'abord ceux qui sont doués d'existence : en bas de l'échelle, les inanimés (éléments, liquides et métaux) ; puis la classe des êtres doués

1. Deux ouvrages, anciens mais qui font toujours référence, la présentent de façon détaillée : A.O. Lovejoy, *The Great Chain of Being : A Study of the History of an Idea de Arthur*, Cambridge (Mass.), Harvard University Press, 1936 ; et E.M.W. Tillyard, *The Elizabethan World Picture : A Study of the Idea of Order in the Age of Shakespeare, Donne and Milton*, Londres, Chatto & Windus, 1943.

d'existence et de vie : les végétaux ; puis la classe des êtres doués d'existence, de vie et de sensations et enfin la classe des animaux supérieurs (doués d'existence, de vie, de sensations, de mémoire et d'audition). En haut de l'échelle apparaissent l'homme (existence, vie, sensations, entendement), les anges et Dieu (pur esprit, raison pure).

À cette conception est d'abord liée la notion de hiérarchie, de degrés, telle qu'elle s'exprime par exemple dans le discours d'Ulysse dans *Troïlus et Cressida* (I, III, 85-124). Dans *Richard II*, le roi est identifié au feu ; il est aussi comparé à un aigle (III, III), à la rose ou à un lion (acte V). Cette chaîne des êtres comporte des liens réciproques. Chaque classe regarde vers le haut et vers le bas. Chaque détail joue son rôle, chaque être a sa place dans l'organisation de la nature. La loi et l'ordre sont conçus en termes d'harmonie et associés au concept d'harmonie musicale et chorégraphique. Tout désordre, toute rupture de l'harmonie préétablie est dissonance (voir *Troïlus et Cressida*, I, III, 101-110). Le chaos est l'anarchie cosmique d'avant la Création, la dissolution générale qui se produirait si la Providence permettait que la loi de la nature ne fonctionnât plus. Désordre et chaos sont le signe de la transgression, du péché. Partant d'un emploi généralisé du raisonnement par analogies, cette conception du macrocosme débouche sur une éthique mettant en évidence l'importance de la loi naturelle, qui se confond avec la loi de la raison et avec la Parole ou la loi de Dieu.

L'homme n'est pas une réduction mais un résumé des phénomènes du macrocosme. Il n'est jamais sorti de son contexte cosmique. Le corps a trois centres : le foie (siège des désirs), le cœur (siège de la volonté) et le cerveau (siège de la raison) :

Éléments	Qualités communes	Humeurs	Tempérament
Air	Humide et chaud	Sang (*blood*)	Sanguin
Feu	Chaud et sec	Bile (*choler*)	Colérique
Terre	Sec et froid	Atrabile (*melancholy*)	Mélancolique
Eau	Humide et froid	Lymphe (*phlegm*)	Flegmatique

Astre	Saisons
Jupiter	Printemps
Mars	Été
Saturne	Automne
Lune	Hiver

Pour les élisabéthains, le sang est produit par le cœur, la bile (*choler*) par la vésicule (*gall-bladder*), l'atrabile (*melancholy*) par la rate (*spleen*) et la lymphe (*phlegm*) par les reins. Si les liquides corporels (humeurs) étaient parfaitement tempérés, la personne serait équilibrée – idéal rarissime. Le sanguin est vigoureux, châtain, actif, décidé, tenace mais violent et trop porté aux plaisirs. Quant à la mélancolie, elle est une pathologie qui peut être due à la corruption (par consomption) d'une des trois autres humeurs.

Le monde est vu sur des plans verticaux (hiérarchie) et horizontaux. Les plans verticaux sont :

(1) Le divin, l'angélique
(2) L'univers ou macrocosme
(3) Le *commonwealth* ou corps politique (*body politic*)
(4) L'homme ou microcosme
(5) La création inférieure.

Dans les écrits de cette époque, les parallèles sont constamment établis entre le macrocosme et le corps politique. Le roi est comparé au soleil, la reine à la lune, les désordres civils dans l'État aux désordres dans les cieux. Les correspondances les plus usitées et les plus riches soulignent les liens entre le macrocosme et le microcosme, établissant des analogies physiques et des analogies psychologiques.

Les bouleversements et les intempéries ne sont que le reflet des états d'âme. Tempêtes et tremblements de terre traduisent les passions tempétueuses des hommes comme dans *Hamlet*, dans *Lear*... ou dans *La Tempête*. L'homme lui-même, le microcosme, est comparé au corps politique. Ainsi, les différentes fonctions du corps sont analogues aux différentes fonctions dans l'État, d'où la nécessité de l'unité des classes nécessaires les unes aux autres, comme le démontre la fable du ventre que raconte Ménénius aux plébéiens révoltés dans la première scène de *Coriolan*. La raison est à l'esprit ce que le roi est à l'État ; les passions inférieures occupent la même place que la populace. Le débat dans l'âme humaine (par exemple dans *Jules César*) correspond au débat entre le roi et son conseil. Ainsi, le triomphe du sentiment sur la raison, déjà usurpation, peut être présenté à l'aide de diverses analogies.

Ces correspondances, prises au pied de la lettre, ont une grande force morale. Elles fonctionnent aussi sur le plan de la métaphore : l'écrivain dispose d'un système d'images immédiatement signifiant pour ses contemporains, bien que plus strictement poétique pour nous.

IV. – Le lieu scénique et la vie théâtrale

L'expression « théâtre élisabéthain » est pleine de sens, car c'est effectivement sous le règne d'Élisabeth Ire que furent érigés les premiers bâtiments permanents destinés à accueillir des spectateurs payants. L'œuvre que l'on considère comme l'acte de naissance de ce théâtre, *Gorboduc*, tragédie coécrite par deux écrivains juristes, Thomas Norton et Thomas Sackville, fut créée par des étudiants de l'école de droit de l'Inner Temple en janvier 1576, soit quinze ans avant l'érection du premier théâtre en bois, The Theatre, ancêtre du théâtre du Globe. Cette pièce est le point de départ d'une période d'intense productivité d'environ quatre-vingts ans (de 1576 à 1642, date de la fermeture des théâtres imposée par les puritains) que l'on désigne par l'expression « théâtre élisabéthain » – employée au sens large, elle inclut donc le « théâtre jacobéen » écrit sous Jacques Ier (1603-1625) et le « théâtre caroléen » écrit sous Charles Ier (1625-1649).

Le théâtre du Globe est resté emblématique grâce à son nom. Sur le fronton de l'édifice, on pouvait lire une citation de Pétrone : *Totus mundus agit histrionem* (« Le monde entier joue la comédie »), épigraphe surmontée d'une gravure d'Hercule portant le globe terrestre. La plupart des noms des théâtres londoniens de la période élisabéthaine et jacobéenne faisaient plutôt référence à des éléments du monde extérieur, notamment à des animaux, à des notions ou à des vertus : The Red Lion, The Rose, The Swan, The Fortune, the Red Bull, The Hope… Mais les deux scènes où furent créées les pièces de Shakespeare, The Theatre et The Globe, font exception dans la mesure où elles portent l'un et l'autre une dénomination autoréférentielle ou de nature allégorique. La moitié des comédies, les deux premières tragédies atypiques – *Titus Andronicus* et *Roméo et Juliette* –, la plupart des pièces historiques, à l'exception de *Henry VIII*, œuvre tardive, et surtout de *Henry V*, qui fit l'ouverture du Globe en 1599, furent en effet représentées dans un lieu nommé de façon très emblématique The Theatre.

Ainsi, le lieu même de la fabrique du jeu shakespearien portait le nom générique de cet art du mentir-vrai dont l'ambivalence et la tension entre représentation référentielle et distance, *mimêsis* et stylisation, sont constitutives. De fait, le théâtre de Shakespeare ne cesse de rappeler l'ancrage dans le lieu concret de la fiction qui s'y construit, la matérialité des planches sur lesquelles se joue l'histoire du monde et des passions humaines.

Les historiens distinguent deux types de lieux scéniques : théâtres ouverts et théâtres fermés. Les premiers, dont le Globe est le prototype, étaient des amphithéâtres de grande capacité pouvant accueillir jusqu'à trois mille spectateurs et inclus dans des bâtiments octogonaux où l'on jouait l'après-midi à ciel ouvert. Les spectateurs du parterre restaient debout, entourant sur trois côtés une plate-forme de vastes dimensions comparables à celles de l'Opéra de Paris, et s'enfonçant largement dans le public. Ces théâtres ouverts ne fonctionnaient pas en permanence, à cause des intempéries et des épidémies, ce qui explique que s'y ajoutèrent des édifices couverts où l'on jouait à la lueur des chandelles devant un public plus réduit, payant plus cher. C'est dans les théâtres fermés de forme rectangulaire que se développa l'art du décor. Il est attesté que les mêmes pièces ont pu se jouer au Globe et, après 1609, dans l'ancien monastère des Blackfriars, ce qui contredit l'idée un temps soutenue de deux lieux spécialisés et, pour les dernières pièces (ou tragicomédies), d'un lien entre dramaturgie nouvelle et scénographie nouvelle.

tectum
porticus
sedilia
orchestra
ingressus
mimorum
ædes
proscænium
planities sive arena
Ex observationibus Londinensibus
Johannis de witt

Des théâtres à ciel ouvert, il ne subsiste plus qu'un vestige graphique : un croquis maintes fois reproduit mais très instructif de l'intérieur du théâtre du Cygne par un prêtre hollandais, Johann De Witt. Les inscriptions en latin aident à spécifier la fonction des différents lieux : le *proscenium*, partiellement abrité, s'avance au milieu d'un espace central entouré de galeries sur trois étages destinées à accueillir les spectateurs plus fortunés ; incorporée à cette enceinte et formant l'arrière de la plate-forme scénique, la « maison des acteurs » (*mimorum ades*) permet aux comédiens de se costumer, d'où l'expression (*at*)*tiring house* pour désigner les loges. L'étage est réservé aux musiciens mais peut être utilisé dans le jeu pour figurer un balcon ou la balustrade de remparts d'où l'on s'adresse à un auditoire situé en contrebas. Il est possible que l'étage supérieur, où flotte le drapeau du théâtre et d'où un trompette appelle au spectacle, ait été aussi utilisé comme lieu scénique en surplomb (*above*) pour les apparitions de dieux et de déesses, ou de Prospero dans *La Tempête*. Le matériau de construction était principalement le bois ; les toits étaient de chaume ou de tuiles, facilement inflammables. De fait, le Globe brûla entièrement en 1613 au cours d'une représentation de *Henry VIII*. Il y eut neuf théâtres de ce type à Londres, pour une population d'environ cent soixante-mille habitants.

Le jeu des acteurs élisabéthains était très stylisé, très codé. Selon toute vraisemblance, il nous paraîtrait emphatique et déclamatoire. Hamlet se plaint de cette outrance et de cette propension à la déclamation dans sa célèbre tirade aux comédiens (*Hamlet*, III, II, 1-34). L'art de l'acteur était considéré comme un art plus oral et auditif que gestuel. On disait qu'on allait écouter (*hear*), non voir (*see*) une pièce. Une typologie fonctionnelle définit les rôles de façon codée, comme celui de l'amoureux, du tyran, du vengeur, du scélérat (*villain*) machiavélique, du mélancolique (Jaques, dans *Comme il vous plaira*, ou Hamlet). Dans les rôles comiques archétypaux, le *clown*, rustre ou butor (Courge dans *Peines d'amour perdues* ou Bottom dans *Le Songe d'une nuit d'été*) s'oppose au *Fool* (Feste, le fou musicien et philosophe de *La Nuit des Rois*, ou le Fou sans nom spécifié de *Lear*).

Le fait le plus marquant est l'absence de comédienne sur scène. Tous les rôles féminins sont tenus par de jeunes garçons qui n'ont pas encore mué (*boy actors*) et Shakespeare multiplie à plaisir le double travestissement : l'héroïne (Rosalinde dans *Comme il vous plaira* ou Viola dans *La Nuit des Rois*), jeune garçon travesti en femme, se déguise une seconde fois et fait semblant d'être ce qu'elle est réellement, amplifiant de façon vertigineuse l'ambiguïté du jeu et l'instabilité des codes et des identités sexuelles. L'interdiction des femmes sur les scènes se justifiait par la crainte morale d'un érotisme trop manifeste. Rien ne prouve que l'ambiguïté sexuelle de jeunes adolescents travestis en femmes provoquât moins de trouble. Le fait explique en tout cas le plus petit nombre de rôles féminins que compte la scène élisabéthaine (environ cent quarante sur neuf cents).

CHAPITRE II

L'homme et ses doubles, le comédien, le dramaturge

I. – Aperçu biographique

La biographie d'un écrivain se confond le plus souvent avec sa biographie littéraire. Dans le cas de Shakespeare, la communauté scientifique s'accorde à reconnaître qu'il existe désormais suffisamment de documents et de traces pour dessiner sa vie à grands traits. Une fois écartées légendes et rumeurs, on constate qu'on en sait plus sur lui que sur la plupart des autres dramaturges de l'époque dont on ignore parfois jusqu'aux dates exactes de naissance et de mort.

Shakespeare est né dans une bourgade commerçante située à quelque cent soixante kilomètres de Londres : Stratford-upon-Avon, dans le Warwickshire. Les registres de la paroisse de Stratford attestent que « Gulielmus, filius Johannes Shakspere », Guillaume ou William, fils de John Shakspere, a été baptisé le 26 avril 1564 dans l'église de la Sainte-Trinité. On baptisait les nouveau-nés dans les jours qui suivaient leur naissance, mais on peut se demander si la date du 23 avril communément retenue n'est pas destinée à présenter la vie du plus grand poète anglais comme un cercle symbolique, Shakespeare étant mort aussi un 23 avril à Stratford, en 1616, à l'âge de cinquante-deux ans. Dans *Jules César*, Cassius meurt le même jour que le jour de sa naissance. La mention de l'anniversaire est dans Plutarque, mais Shakespeare l'utilise pour souligner la circularité des événements. C'est le célèbre acteur David Garrick (1717-1779), dont l'admiration pour Shakespeare est devenue un véritable culte, qui, dans le même esprit, a en quelque sorte « officialisé » la date du 23 avril, date de la Saint-George, saint patron de l'Angleterre, comme date de naissance de Shakespeare.

Le père du poète, John Shakspere, né à Snitterfield, petit village près de Stratford, était le fils cadet d'un paysan aisé qui vint chercher fortune en ville, où il exerça le métier d'artisan-gantier, tirant également profit de la spéculation immobilière. C'était un notable de Stratford : en 1568, il y est élu conseiller municipal, puis maire. Son ascension sociale, de la paysannerie à la bourgeoisie, et sa réussite matérielle l'incitèrent à solliciter des armoiries que son fils William lui fit obtenir en 1596, avec pour devise « Non sans droict ».

En 1557, John Shakspere épouse Mary Arden, elle aussi fille d'un riche propriétaire, l'aristocrate Robert Arden de Wilmcote, un autre village près de Stratford. Le jeune couple emménage dans une maison située dans Henley Street, désormais baptisée « la maison natale », où l'on suppose que Shakespeare est né. Le couple eut huit enfants, dont cinq survécurent. William était l'aîné des survivants. Ses trois frères, Gilbert, Richard et Edmund, sont morts avant lui. Edmund aussi était acteur, et il avait probablement rejoint William à Londres. Sa sœur Joan lui survécut et eut une descendance encore vivante aujourd'hui, contrairement à William, dont la lignée s'arrête après la mort de ses filles.

Après l'école primaire, on pense que William Shakespeare fréquenta l'école secondaire King-Edward-VI au centre de Stratford, où l'enseignement comprenait un apprentissage intensif de la langue et de la littérature latine, ainsi que de l'histoire et de la logique. C'était une *grammar school*, une école de grammaire, discipline qui incluait la rhétorique. Un élève sortant d'une *grammar school* au XVIe siècle disposait d'un bagage intellectuel et culturel égal à celui d'un diplômé de Cambridge ou d'Oxford aujourd'hui, de sorte que le jugement pincé de Ben Jonson selon lequel Shakespeare ne savait que peu de latin, et encore moins de grec, traduit moins un dénigrement que son admiration jalouse pour son ami et rival, qu'il compare par ailleurs aux plus grands dramaturges de l'Antiquité. Jonathan Bate, dans son *Shakespeare and Ovid*, a établi que Shakespeare lisait Ovide en latin et dans la traduction en anglais d'Arthur Golding parue en 1567, le nombre d'emprunts et de parallélismes prouvant que la lecture des *Métamorphoses* a laissé une influence profonde sur son imaginaire et dans son œuvre, en particulier dans *Vénus et Adonis* et dans *Le Songe d'une nuit d'été*.

Il est indéniable toutefois que Shakespeare n'a pas fréquenté l'université, à l'inverse de ses confrères écrivains et dramaturges. Qu'un simple comédien disposât d'une culture encyclopédique vivante égale ou supérieure à nombre de lettrés, voilà qui a suffi pour que certains lui cherchent une identité socialement plus présentable.

Le 28 novembre 1582, à Temple Grafton près de Stratford, Shakespeare, qui a alors dix-huit ans, épouse Anne Hathaway, de sept ou huit ans son aînée, qui est la fille d'un fermier de Shottery. La cérémonie fut organisée à la hâte, Anne étant déjà enceinte : elle donne naissance moins de six mois plus tard à leur première fille, Susanna, baptisée le 26 mai. Près de deux ans après le baptême de Susanna, le 2 février 1585 naissent des jumeaux que l'on baptise Hamnet et Judith. À une lettre près, Hamnet, c'est Hamlet, dont le destin aurait déjà hanté le poète. Mais plus prosaïquement, ces deux enfants eurent pour parrains le couple Sadler, boulangers à Stratford, qui se prénommaient Hamnet et Judith. Il n'est en revanche pas interdit de penser que le phénomène biologique troublant de la gémellité si présent dans *La Comédie des erreurs* et dans *La Nuit des Rois* ait fait l'objet, de la part de Shakespeare, d'un intérêt affectif et intellectuel passionné et d'une réflexion dramaturgique et philosophique tirant sa source de données biographiques, quoique les méprises liées au double appartiennent au fonds immémorial de la comédie.

Nous n'avons aucune trace de ce qu'a fait Shakespeare pendant sept ans, de 1585 à 1592, avant qu'un témoignage nous indique qu'il est déjà à Londres en 1592 et déjà connu. Son départ de Stratford pour Londres n'est expliqué que par une rumeur. La légende court qu'il aurait été obligé de quitter précipitamment sa ville natale pour avoir tué un cerf en braconnant dans le domaine d'un certain Thomas Lucy, juge de paix local. Mais l'hypothèse la plus souvent retenue est qu'il aurait passé quelques années en tant qu'instituteur ou précepteur dans le Lancashire auprès d'Alexander Hoghton, gentilhomme et propriétaire terrien catholique. La thèse est soutenue par tous ceux qui estiment avoir des présomptions sur l'engagement quasi militant de Shakespeare dans la défense de la foi catholique[1]. Si Shakespeare a effectivement séjourné dans le Lancashire, il a pu y faire la connaissance du cinquième

1. R. Dutton, A. Findlay et R. Wilson (éd.), *Region, Religion, and Patronage : Lancastrian Shakespeare*, Manchester et New York, Manchester University Press, 2004.

comte de Derby, Ferdinando Stanley, pair d'Angleterre sous le titre de lord Strange, qui finançait une troupe d'acteurs portant son nom. Il a peut-être suivi cette troupe jusqu'à Londres.

La preuve indiscutable de la présence de Shakespeare à Londres dans le milieu théâtral est, en 1592, l'attaque virulente d'un confrère dramaturge moins chanceux que lui. Robert Greene, homme de lettres formé à Cambridge, est l'auteur d'une série de récits, dont le plus populaire, *Pandosto* (1588), est la source directe du *Conte d'hiver*. Dans *Un liard d'esprit acheté un million de repentirs*, Greene s'en prend à plusieurs dramaturges responsables, selon lui, de la décadence du théâtre, dont Marlowe, accusé de blasphème, et surtout Shakespeare, « corbeau parvenu, paré de nos plumes, qui avec "son cœur de tigre enveloppé dans une peau d'acteur"[1] [...] se prend pour le meilleur "ébranleur de scène" [*shake-scene*] de tout le pays ». Le jeu de mots sur le nom de Shakespeare est donc destiné à lui reprocher pêle-mêle de se disperser en de multiples fonctions subalternes, de se hausser du col en jouant les auteurs et, accessoirement – pratique alors courante – d'être un plagiaire ou un imitateur peu scrupuleux, un ambitieux et un arrogant.

Le document prouve que Shakespeare exerce le métier d'acteur, auquel il fait allusion avec humilité dans le sonnet XXIII. En 1594, il est engagé en tant qu'acteur et dramaturge au Theatre dans la troupe de James Burbage, appelée alors troupe du lord chambellan, pour laquelle il va écrire exclusivement. Ce bâtiment a été édifié en 1576 à Holywell, au-delà de l'enceinte nord de la cité. En 1598, au moment

1. Il s'agit là de la parodie d'un vers tiré de la troisième partie de *Henry VI* (I, IV, 137).

du renouvellement du bail de location, un désaccord surgit entre le propriétaire du terrain sur lequel s'élève le théâtre et le propriétaire des murs et chef de troupe James Burbage. Le bâtiment en bois est démonté clandestinement et les matériaux sont transportés de nuit sur l'autre rive de la Tamise, à Southwark, pour créer le théâtre du Globe. En attendant que le lieu devienne opérationnel, la troupe joue au théâtre de la Courtine.

À la mort de James Burbage, un directoire d'actionnaires est mis en place. En fonction des sommes allouées à l'entreprise, les fils de James Burbage, Cuthbert Burbage et Richard Burbage (futur interprète de tous les grands rôles des tragédies de Shakespeare) disposent chacun d'une part double, Shakespeare et les principaux acteurs détenant une part simple. Ultérieurement, Shakespeare possédera dix parts, ce qui revenait à lui assurer 10 % des bénéfices de l'entreprise. C'est à ce titre qu'il est devenu riche, non au titre d'auteur, les pièces étant juridiquement la propriété des compagnies. Shakespeare est le premier professionnel de théâtre à être à la fois acteur, auteur et actionnaire d'une compagnie.

L'acteur Shakespeare joue dans ses propres œuvres : la rumeur veut qu'il ait interprété le rôle du spectre dans *Hamlet* et le rôle du vieil Adam dans *Comme il vous plaira*. Il apparaît aussi dans les pièces de son ami Ben Jonson (*Chaque Homme dans son caractère* en 1598 et, en 1603, dans *Séjan*). Avec l'avènement de Jacques Ier en 1603, la compagnie, très populaire, devient la troupe officielle des King's Men (« Serviteurs du Roi »), rivalisant avec l'autre grande troupe de l'époque, la troupe de l'Amiral, spécialisée dans l'interprétation du théâtre de Marlowe et dont Edward Alleyn est l'acteur-vedette.

La vie de Shakespeare, dès ses premiers rôles et ses premières pièces dans les années 1590, épouse étroitement la courbe de ses activités dramatiques et de son parcours littéraire et théâtral. Des documents judiciaires montrent qu'en 1604 il est locataire chez un artisan huguenot qui fabrique des diadèmes dans le nord-ouest de Londres, Christopher Mountjoy. Plus tard, d'autres documents provenant des tribunaux ou des registres commerciaux montrent qu'il est devenu suffisamment riche pour acheter une propriété dans le quartier londonien de Blackfriars.

Bien qu'il vive à Londres, il ne perd jamais le contact avec Stratford, où il fait l'acquisition en 1597 d'une très belle maison : New Place. Il y installe sa famille, constitue des réserves de grain. Vers 1611, il décide de revenir vivre à Stratford, où il est impliqué dans des démêlés judiciaires à propos de terrains qu'il possédait. De riches propriétaires fonciers dont Shakespeare prit apparemment le parti clôturèrent des espaces préalablement dévolus à l'usage collectif (*commons*, en anglais) au détriment des paysans pauvres qui y faisaient paître leurs moutons.

Shakespeare écrivit encore deux pièces, en collaboration avec John Fletcher, *Henry VIII* (1612) et *Les Deux Nobles Cousins* (1613) avant de mourir le 23 avril 1616 des suites d'une soirée trop arrosée – légende oblige – en compagnie de son ami Ben Jonson. Jusqu'au bout, les rumeurs à forte charge symbolique côtoient les faits avérés. Cervantès, lui aussi, est mort le 23 avril 1616. On oublie de préciser que, l'Espagne étant déjà passée au calendrier grégorien, les deux hommes sont en fait morts à dix jours d'intervalle.

Si Shakespeare a obtenu le droit d'être enterré dans le chœur de l'église de la Sainte-Trinité à Stratford-upon-Avon, ce n'est pas en sa qualité de dramaturge, mais parce qu'il était devenu sociétaire de l'église en payant la dîme de la paroisse. Par crainte que sa dépouille ne soit enlevée du tombeau, il a peut-être composé cette épitaphe comminatoire, dont la platitude contraste avec les hautes cimes de poésie dont son œuvre lyrique ou dramatique est coutumière :

> Pour l'amour de Jésus, l'ami, abstiens-toi
> De creuser la poussière ici déposée.
> Béni soit l'homme qui épargnera ces pierres,
> Mais maudit celui qui touchera à mes os.

II. – Identités spectrales

Shakespeare a-t-il écrit ses pièces ? De très nombreux contemporains font allusion à ce William Shakespeare qu'ils côtoient, envient et critiquent parfois tout en disant admirer ses talents de poète et de dramaturge. Le témoignage concret et multiforme de son confrère Ben Jonson, auteur respecté de *Volpone*, de *L'Alchimiste* et de *La Foire de la Saint-Barthélemy*, est inévitable. Il se réfère à Shakespeare comme au « doux cygne de l'Avon », dit son affection, admire sa facilité d'écriture et formule parfois des critiques acerbes sur la façon trop romanesque dont son ami envisage la comédie, lui-même ayant pratiqué la comédie de mœurs, aux antipodes des comédies d'amour écrites par Shakespeare. L'attaque pamphlétaire de Robert Greene suffit à convaincre que la réussite extraordinaire de Shakespeare fait des jaloux dès 1592, date à laquelle ce dernier n'a probablement écrit que la première partie de *Henry VI* à laquelle Thomas Nashe fait allusion dans son roman *La Supplique au diable de Pierre Sans-le-Sou*.

Les générations suivantes ne mettent jamais en question la paternité des œuvres du poète-dramaturge, et il faut attendre près de deux siècles et demi après la mort de Shakespeare en 1616 pour qu'une dame originaire de l'Ohio, Delia Bacon, s'avise, dans *La Philosophie des pièces de William Shakespeare dévoilée*, un volumineux ouvrage publié en 1857, que son prétendu « ancêtre » sir Francis Bacon – simple homonyme – était en réalité le véritable auteur des œuvres de Shakespeare. Delia Bacon tenta même sans succès de soulever la dalle de la pierre tombale à Stratford dans le but d'y découvrir des documents enfouis. Elle mourut dans un asile, mais le zèle des « baconiens » qui lui succédèrent les conduisit à passer au crible le texte du Folio de 1623[1] pour y trouver des traces de la présence de Francis Bacon. Ainsi : *honorificabilitudinatibus* – le mot latin le plus long selon Holopherne dans *Peines d'amour perdues* – est décrypté, par anagramme, en *Hi Ludi Baconis nati tuiti orbi* : « Ces pièces nées de Bacon sont présentées au monde. » L'épilogue de Prospero dans *La Tempête*, par « cryptanalyse », contient le message : « Moi, WS, suis F. Bacon. »

Le plus étrange est que ces élucubrations ont séduit des écrivains aussi éminents que Mark Twain, Henry James ou Walt Whitman. Sans oublier plus tard Sigmund Freud, lecteur assidu et enthousiaste de Shakespeare, qui sera convaincu par les thèses de Thomas Looney, pour qui le vrai Shakespeare était Édouard de Vere, comte d'Oxford. Il tentera en vain d'en persuader son disciple anglais Ernest Jones, qui, de son côté, développera plus amplement[2] l'analyse d'Hamlet

1. On désigne par là le volume collectif et posthume des *Œuvres* de Shakespeare dû aux soins de deux de ses acteurs, Hemminges et Condell, et préfacé par Ben Jonson, où figurent dix-huit pièces de plus que dans les Quartos, les volumes de format in-4° imprimés du vivant de l'auteur.
2. E. Jones, *Hamlet et Œdipe* (1949), trad. A.-M. Le Gall, Paris, Gallimard, « Tel », 1980.

figurant dans l'*Interprétation des rêves* (1900) – car ce n'est pas seulement vers *Œdipe roi* mais vers *Hamlet* que se tourne le père de la psychanalyse quand il élabore son concept de complexe d'Œdipe (lettre du 15 octobre 1897). Parmi d'autres opinions fantaisistes, Freud pensait notamment que Shakespeare, avec son visage d'aspect plus latin qu'anglo-saxon, devait être Français et son nom, la corruption de Jacques Pierre.

Au demeurant, Bacon n'est que le premier des présumés Shakespeare authentiques qu'ont découverts les antistratfordiens. Il y a eu à ce jour un peu moins de quatre-vingts candidats, dont Marlowe, la reine Élisabeth en personne, William Stanley, comte de Derby, frère de Ferdinando Stanley, lord Strange, Édouard de Vere (1550-1604), auquel le réalisateur Roland Emmerich a consacré un film en 2011, *Anonymous*. On se souvient du mot prêté au colonel Kadhafi qui revendiquait Shakespeare pour la cause arabe, suggérant que la véritable orthographe de son nom était « Sheik Speare ».

Dernière hypothèse en date : Shakespeare serait en réalité un Italien né à Londres, John Florio, le traducteur des *Essais* de Montaigne en anglais. Les porte-voix de cette thèse alignent les contrevérités : non, on ne trouve pas dans Shakespeare des centaines de vocables forgés par Florio, car ils existaient tous avant ; non, l'œuvre de Shakespeare ne contient aucune connaissance intime de l'Italie : dans *Les Deux Gentilhommes de Vérone*, Protée se rend de Vérone à Milan… en bateau, et il attend même le moment de la marée pour s'embarquer ! Aujourd'hui encore, le *Guide du routard* déconseille vivement la voie maritime pour ce trajet. Dans la topographie shakespearienne du *Maure de Venise*, Othello rejoint Desdemona à l'auberge au nom anglais du *Sagittar*. La géographie shakespearienne est toujours fantaisiste. Tous les énoncés en italien dans *Le Dressage de la rebelle* (*La Mégère apprivoisée*) sont en mauvais italien.

Le raisonnement qui conduit aux hypothèses « schismatiques » d'hier ou d'aujourd'hui est toujours le même : on argue que Shakespeare n'est allé ni à Oxford ni à Cambridge pour attribuer son œuvre à un autre homme plus noble ou plus lettré que lui parmi ses contemporains. Il était roturier et il n'est pas concevable qu'un fils de gantier puisse être l'auteur d'une œuvre aussi considérable. On conclura avec Joyce que : « C'est Rutlandbaconsouthamptonshakespeare ou un autre poète du même nom dans la comédie des erreurs qui a écrit *Hamlet*[1]. » Le même notait au passage que « Shakespeare est la terre promise de tous les esprits dérangés[2] »... à moins que l'on ne préfère la boutade d'Alphonse Allais, pour qui « Shakespeare n'a jamais existé. Toutes ses pièces ont été écrites par un inconnu qui portait le même nom que lui[3] ».

III. – Portraits de Shakespeare

Il n'y a que deux documents irrécusables, deux représentations qui sont reconnues comme étant celles du dramaturge. Toutes deux sont posthumes. L'une est la gravure qui sert de frontispice au Folio. L'autre est la sculpture qui orne son mémorial à Stratford-upon-Avon.

Le premier document, dit « portrait Droeshout », est une gravure de Martin Droeshout, artiste d'origine

1. J. Joyce, *Œuvres II*, éd. sous la direction de J. Aubert, Paris, Gallimard, « Bibliothèque de la Pléiade », p. 236.
2. *Ibid*, p. 280.
3. A. Allais, *Les Pensées*, Paris, Le Cherche Midi, 1987, p. 23.

flamande. Le poème d'introduction de Ben Jonson publié dans le Folio laisse entendre une très grande ressemblance du portrait – qui présente des défauts techniques patents et n'a rien d'un portrait exécuté d'après nature –, mais la causticité du compliment se lit dans la conclusion : puisque le graveur n'a représenté que les traits de l'auteur, pas son esprit, c'est le livre, non le portrait, qui doit retenir le lecteur.

Le second document est le buste du monument funéraire qui surplombe la sépulture du poète à Stratford en l'église de la Sainte-Trinité. Il est dû lui aussi à un artiste flamand, Gheerart Jansen, dont l'atelier de tailleur de pierre connu pour sa fabrication de monuments funéraires se trouvait près du Globe, à Southwark. On note le formalisme rigide d'un monument plus fait pour respecter un décorum que pour garantir une ressemblance.

Nombreux sont les tableaux datant probablement du vivant de Shakespeare dont on a prétendu qu'ils étaient des portraits authentiques. Il s'agit principalement du portrait Chandos, du portrait Cobbe et du portrait Sanders.

Le portrait Chandos, du nom des ducs de Chandos à qui il a appartenu, est attribué à John Taylor et daté d'environ 1610. Le modèle est un personnage à figure pleine, moustachu et barbu, portant un anneau à l'oreille gauche. Ce tableau a été fréquemment reproduit ou imité, notamment au XVIIIe siècle.

Le portrait Cobbe a été « découvert » récemment. En 2009, Stanley Wells, grand spécialiste et érudit shakespearien qui dirigea longtemps le Shakespeare Institute de Stratford, et le Shakespeare Birthplace Trust annoncèrent qu'ils croyaient que ce tableau, ayant appartenu à la famille Cobbe depuis le début du XVIIe siècle, était un portrait de Shakespeare dessiné du vivant du dramaturge, vers 1610 (Shakespeare avait quarante-six ans.) Le modèle est un homme élégant au front haut, au visage en ovale, qui porte un bouc roussâtre et qui est vêtu d'un somptueux pourpoint gris et or surmonté d'un riche col de dentelle. Il passe pour avoir appartenu à l'origine à son mécène, Henry Wriothesley, troisième comte de Southampton. Tarnya Cooper, conservatrice des collections du XVIe siècle à la National Portrait Gallery, soutient que ce portrait représente plutôt sir Thomas Overbury.

Le portrait Sanders, pour lequel j'avoue ma préférence – fondée sur la qualité du tableau, son rayonnement et le serré des arguments qui plaident en sa faveur[1] –, porte une étiquette indiquant qu'il s'agit d'un portrait de Shakespeare peint en 1603. De nouveaux examens scientifiques de l'étiquette et du support en chêne portent à croire qu'il est contemporain du sujet, ce qui en ferait vraisemblablement un portrait authentique. Selon une tradition familiale, il est attribué à un certain John Sanders. Le modèle est représenté comme un bel homme imberbe dans la quarantaine, portant un pourpoint noir argenté. Enfoui dans une malle pendant près de quatre cents ans, il appartenait à la famille Sanders et a été découvert au Canada par le dernier héritier, Lloyd Sullivan, dans les archives familiales. On a douté de l'identification parce que le sujet paraît trop jeune pour être Shakespeare à trente-neuf ans (en 1603)... mais telle était l'habitude, à l'époque, de rajeunir les modèles pour faire plaisir aux commanditaires. On a aussi souligné que la date de naissance du 23 avril figurant sur l'étiquette correspond à la date usuelle adoptée au XVIIIe siècle, qui n'est

1. Voir le documentaire de A. Henderson, *Battle of Wits*, Québec, prod. InformAction, 2008.

peut-être pas exacte. Enfin, Jonathan Bate a jugé que l'expression : *This likeness taken 1603* (« La présente ressemblance saisie en 1603 ») figurant sur l'étiquette n'était pas une formulation authentique dans l'anglais de l'époque.

Quoi qu'il en soit, les spécialistes du sujet continuent à discuter des mérites et démérites des candidats respectifs. Dans les décennies qui ont suivi la mort de Shakespeare, plusieurs portraits ont été tirés d'après des images existantes ou de mémoire. Plusieurs copies ou adaptations du portrait Chandos et du portrait Droeshout furent produites à la fin du XVIIe et au début du XVIIIe siècle. À la fin du XIXe, des portraits et des statues parurent dans différents contextes en Angleterre et dans de nombreux pays étrangers. La multiplication des traits stéréotypés de ces illustrations a conduit plusieurs artistes modernes à proposer leurs propres interprétations. En 1964, pour le 400e anniversaire de sa naissance, Pablo Picasso créa de nombreuses variantes sur le thème du visage du dramaturge réduit à quelques lignes épurées. C'est cette même simplicité du graphisme qui fait le prix d'une représentation picturale de Shakespeare par Valerio Adami.

CHAPITRE III

Parcours sensible

I. – Les premières œuvres

Il est maintenant établi que Shakespeare commença sa carrière d'écrivain en composant une longue pièce historique en trois parties, *Henry VI*, qui, dramatisant la guerre des Deux-Roses, retrace le règne douloureux d'un souverain plus porté à la prière et à la méditation qu'à l'action politique et militaire. *Richard III* forme le quatrième volet de ce premier ensemble de pièces. C'est ce qu'on appelle, par analogie avec l'œuvre de Wagner, la « première tétralogie ».

Richard III s'avance sous l'espèce du monstre chimiquement pur. Il n'importe plus aujourd'hui que le Richard III de Shakespeare ne soit pas celui de l'Histoire. Pourtant, même manipulée, celle-ci est omniprésente dans cette œuvre dont le chroniqueur Raphael Holinshed fut en quelque sorte le coscénariste et qui peut être lue comme un vrai précis de tératologie.

La seconde tétralogie, écrite de 1595 à 1599, est plus hétérogène : elle juxtapose une tragédie à la grecque construite en trois temps, *Richard II,* à une pièce hybride en deux parties, entre Histoire et comédie, *Henry IV*, célèbre surtout par le personnage de Falstaff, et à une pièce épique, nationaliste, exaltée, qui termine le cycle sur une impression d'apothéose consécutive à la victoire anglaise d'Azincourt sur les Français (1415). Shakespeare remonte dans le temps et retrace la séquence qui va de la fin du règne de Richard II, en 1377, au triomphe du roi Henry V au moment du traité de Troyes (1420). Henry V efface les humiliations subies sous Henry VI et Richard III.

Richard II (1595) décrit le moment politique où la royauté féodale fait place à la modernité machiavélienne. Shakespeare y dépeint un roi tyrannique mais faible qui, attendant que les anges viennent à son secours, se croit invincible et qui sera pourtant déposé, mis en prison et mis à mort par son cousin usurpateur Bolingbroke. C'est ce crime inexpiable, ce régicide équivalant à l'époque à un déicide, qui constitue la cause initiale des malheurs de l'Angleterre. Bolingbroke se fait sacrer roi sous le nom de Henry IV, assurant l'accession au trône de la maison de Lancastre. Son règne est entaché par la dissipation de son fils Hal qui, en compagnie de Falstaff et de ses acolytes buveurs et débauchés, s'encanaille à la taverne de *La Hure de Sanglier*. Dans la deuxième partie, Henry IV meurt, son fils accède à la couronne, mais Falstaff est banni.

Ce bannissement fait la transition avec *Henry V*. Pièce magnifique dont chaque acte est introduit par un chœur inspiré, elle est une fresque épique célébrant le seul roi positif de toute l'œuvre shakespearienne, roi victorieux qui obtient la paix en épousant la princesse Catherine de France.

Les intrigues des deux tétralogies couvrent plus d'un siècle d'affrontements civils et extérieurs. Écrite en 1595, une neuvième pièce, très politique et se référant à une période bien antérieure, *Le Roi Jean*, relie les deux groupes de quatre pièces. L'action se situe entre 1199 et 1216. Trois ensembles politiques s'affrontent : la France de Philippe Auguste, l'Angleterre du roi Jean et la papauté. On y voit apparaître les prémices du patriotisme anglais. Bien plus tardivement, une dixième pièce est à classer dans les *Histoires* de Shakespeare, *Henry VIII* (1612) écrite en collaboration avec John Fletcher. Elle présente des traits communs avec les tragicomédies de la dernière période.

En 1593 et 1594 paraissent deux longs poèmes érotiques et mythologiques, *Vénus et Adonis* et *Le Viol de Lucrèce*. Shakespeare les aurait composés pendant une épidémie de peste ayant entraîné la fermeture des théâtres. Selon la dédicace, *Vénus et Adonis*, comptant 1 194 vers, serait « le premier héritier de son invention », c'est-à-dire la première œuvre du signataire. Il semblerait donc que Shakespeare ne considérât pas ses entreprises théâtrales comme de véritables travaux littéraires. Inspiré d'Ovide, le scénario fusionne l'histoire de la nymphe Salmacis, amoureuse d'Hermaphrodite qui reste indifférent à son amour, et l'histoire de Vénus, éprise du bel Adonis. Le motif obsédant de ces deux récits est la frustration du désir, Adonis ne s'intéressant qu'à la chasse et à la poursuite d'un sanglier qui finira par le tuer.

Rédigé à la même époque que son *Titus Andronicus* (1593), *Le Viol de Lucrèce* (1594) est plus long, totalisant 1 855 vers. Shakespeare s'empare là d'un fait divers qui a marqué la Rome antique : Tarquin violant Lucrèce. Il y donne successivement la parole à Tarquin, qui scrute ses pulsions, puis à Lucrèce qui, par le discours, résiste à son violeur, obligeant celui-ci à la bâillonner. Humiliée, elle se résout au suicide.

Dans *Titus Andronicus*, sa première tragédie, pièce saturée d'atrocités et de violences (folie, meurtres, mutilations, décapitation, cannibalisme…), Shakespeare décrit un cycle de vengeances opposant Titus, rentré victorieux à Rome, à son ennemie mortelle Tamora, reine des Goths. Le grand et facétieux architecte des horreurs est le Maure Aaron, athée et immoral. Très populaire du vivant de Shakespeare – le public était friand d'horreurs –, la pièce fut longtemps négligée, considérée comme une erreur de jeunesse, quand elle n'était pas attribuée à un autre. De nos jours, après les horreurs des totalitarismes, des camps de concentration et des diverses formes de retour à la barbarie, les gens de théâtre se sont à juste titre emparés de cette pièce.

Autant *Titus Andronicus* fut décriée et honnie, autant *Roméo et Juliette* fut célébrée. Elle reste la pièce la plus connue, la plus mythique et la plus souvent représentée de Shakespeare, après *Hamlet*. Denis de Rougemont y voit la « seule tragédie courtoise[1] » et la plus belle résurrection du mythe de Tristan et Yseult. La légende des amants de Vérone est déjà célèbre depuis un siècle en Europe quand paraît en 1530 *L'Histoire nouvellement retrouvée des deux nobles amants* par Luigi Da Porto. En 1554, Matteo Bandello l'amplifie et la précise. Arthur Brooke la reprend en anglais en 1562 dans un long poème, *L'Histoire tragique de Romeus et Juliette*, source directe de Shakespeare. Cette histoire des Montaigu et des Capulet, peut-être fondée sur une anecdote réelle, a aussi des origines folkloriques et littéraires qui remontent à l'Antiquité.

Parallèlement à ses neuf pièces historiques, c'est aux comédies que Shakespeare consacre ses premières années. Romanesques et bien différentes des comédies de mœurs (ou comédies satiriques) de Ben Jonson, elles ont pour sujet central les tribulations et les épreuves de l'amour, loin de l'opposition paternelle, souvent présente mais non décisive.

La Comédie des erreurs (1592-1594), une farce, tire ses sources et ses mécanismes comiques de Plaute. Le thème des jumeaux interchangeables et non identifiables, qui,

1. D. de Rougemont, *L'Amour et l'Occident*, Paris, Plon, 1939, p. 179.

ici, ne crée que de la confusion sexuelle, sera repris ultérieurement avec beaucoup plus de finesse dans *La Nuit des Rois.*

Dans *Le Dressage de la rebelle* (1593), Petruchio dompte Katherina à grand renfort de privation de nourriture et de sommeil, situation qui n'est crédible que s'il s'agit d'un jeu. Donné sans distance, le machisme de Petruchio rendrait la pièce injouable aujourd'hui. Elle n'en examine pas moins les rapports de force à l'œuvre dans les relations entre hommes et femmes.

Les Deux Gentilshommes de Vérone (1594) est la première des comédies romanesques. *Peines d'amour perdues* (1594), au si beau titre, parle d'amour, certes, mais surtout de créativité verbale. Dans sa prodigalité linguistique, on découvre un Shakespeare encore fasciné par la préciosité et le pétrarquisme, qu'il pastiche et parodie, mais qu'il pratique avec une virtuosité éblouissante. Quatre seigneurs, désireux de fonder une académie d'étude, choisissent de forclore l'amour. Forclusion illusoire : les voilà parjures, pris dans les filets de ce qu'ils avaient choisi d'abjurer. Présents dans toutes les comédies pour donner une version grotesque de l'intrigue principale, les bouffons de la pièce suggèrent la réalité des désirs et du corps.

Le Songe d'une nuit d'été (1595), *Le Marchand de Venise* (1596), *Les Joyeuses Épouses de Windsor* (1598-1599), *Beaucoup de bruit pour rien* (1599), *Comme il vous plaira* (1599) et *La Nuit des Rois* (1602) portent à incandescence la fantaisie et l'exubérance des premières comédies. Certaines témoignent d'une prédilection du dramaturge pour le travestissement masculin qu'endossent volontiers les héroïnes. Portia, Rosalinde et Viola se déguisent en garçons. Dans cet ensemble d'une si foisonnante richesse, *Le Songe d'une nuit d'été* occupe une place de choix. La maestria de la construction, faisant se croiser les fées, les amoureux et les artisans, n'en finit pas d'émouvoir et de divertir.

II. – La période jacobéenne

La deuxième phase du parcours shakespearien est centrée sur les quatre grandes tragédies que sont *Hamlet* (1601), *Othello* (1603), *Le Roi Lear* (1605) et *Macbeth* (1606).

Écrite au mitan de sa carrière théâtrale, *Hamlet* est une tragédie de la vengeance, mais atypique, car le vengeur tarde ou hésite à se venger pour des raisons qui ne sont jamais explicitées et qui restent peut-être inconscientes pour le personnage éponyme lui-même. *Hamlet* théorise la notion d'entre-deux. Un roi meurt ; un autre est couronné. Dans la faille de l'interrègne, le spectre interroge la notion de sujet : « Qui est là ? » Tragédie politique de lutte à mort entre Claudius, l'assassin de son frère l'ancien roi Hamlet, et Hamlet fils, prince de la Renaissance intimidé par la figure chevaleresque de son père et plus féru de jeux de mots et de théâtre que d'expéditions guerrières, elle interroge aussi l'art du théâtre, comble de l'artifice, mais dont les pouvoirs sont explorés et réaffirmés. Les thèmes de la folie, de la mort, de la fidélité et de la trahison tourbillonnent dans ce maelström de mots, où la comédie a sa part, incarnée volontairement ou non par Polonius, le courtisan Osric, les fossoyeurs, mais aussi le prince Hamlet, lui-même parodiste de talent.

Les dimensions politiques d'*Hamlet* semblent se réduire dans *Othello*, souvent présentée comme une tragédie domestique centrée sur la jalousie. Le trio constitué par Othello, général maure (c'est-à-dire « noir », de type négroïde) auréolé de son glorieux passé militaire,

Desdémone, blanche Vénitienne qu'il a épousée, et Iago, son enseigne, tourne bientôt au duo-duel : Iago, le tentateur diabolique, est déterminé à ruiner le bonheur de son maître qu'il méprise et jalouse, lequel, miné par sa crédulité et son sentiment d'infériorité, devient sa dupe. Shakespeare révolutionne les représentations raciales traditionnelles en inversant la symbolique des couleurs, le personnage diabolique étant blanc de peau mais noir dans l'âme, face à un héros noir à l'âme blanche.

Le Roi Lear est la tragédie de l'aveuglement moral tout comme *Othello* était celle de l'illusion. Elle met en scène un autocrate vieillissant pris au piège des mots trompeurs de ses deux filles aînées, Régane et Goneril. Sourd à la sincérité de la cadette Cordélia, qui refuse de prononcer les mots d'amour qu'il attend, Lear la bannira alors qu'elle est celle qui l'aime le plus. Rejeté successivement par ses deux filles aînées qui n'acceptent pas que leur père sénile rogne la moindre parcelle de leur nouveau pouvoir, il subira l'épreuve de l'orage et des éléments déchaînés. Confronté aux provocations du Fou, puis de la folie feinte d'Edgar, lui aussi banni par son père, déguisé en gueux dément victime d'un délire de persécution et de possession démoniaque, l'ex-souverain finira par perdre la raison après avoir mesuré l'étendue de son erreur. Lorsqu'il sortira de sa léthargie, les retrouvailles émouvantes avec Cordélia ne seront qu'un bref moment de bonheur, bientôt suivi par la mort de celle-ci, pendue sur ordre d'Edmond, le fils bâtard du comte de Gloucester, *alter ego* de Lear.

Dans *Macbeth*, pièce crépusculaire et apocalyptique où le sentiment tragique atteint son apogée, les scènes se passent presque toutes dans l'obscurité. En dehors de la lumière blanche de l'aube naissante, la seule autre couleur est le rouge du sang versé. Lady Macbeth, ambitieuse pour deux, monstrueuse créature médiévale, est l'instrument de la tentation. Sous sa double influence, Macbeth devient criminel, puis tyran sanguinaire, entraîné dans un cycle meurtrier sans fin ni rémission. Une fois commis l'assassinat du roi légitime, Duncan, il ne peut que poursuivre son entreprise de destruction des sources mêmes de la vie, répandant partout la terreur. Parce qu'il a tué jusqu'au Sommeil, Macbeth ne dormira plus. Sa femme, somnambule, entrera vivante dans l'enfer de la culpabilité, tandis que son époux bravera la mort avec le courage du désespoir, mourant sous les coups répétés du seul homme qui n'est pas né d'une femme, Macduff, né par césarienne et dont il a fait tuer la femme et les enfants.

Parallèlement, Shakespeare élabore ses pièces romaines. Inspirées de Plutarque, de Tite-Live ou d'Ovide, *Jules César* (1599-1600), *Antoine et Cléopâtre* (1606) et *Coriolan* (1607-1608) forment le pendant des pièces historiques anglaises de la première période.

Jules César, la première et la plus courte, a mis du temps à s'imposer auprès des critiques, qui la trouvaient un peu froide et linéaire. Si elle ne s'intitule pas *Brutus*, c'est que César, bien que ne figurant que dans trois scènes et mourant à l'acte III, y a un statut de héros tragique. Après sa mort, c'est lui qui devient la *némésis* de ses meurtriers sous la forme d'un spectre.

Tout comme *Jules César*, le long et austère *Coriolan* est un drame politique. L'action se déroule au ve siècle avant J.-C., peu après la fondation de la République. Tragédie puissante, captivante, où la société est montrée en mouvement, elle met en scène le perpétuel conflit entre les intérêts privés, les désirs individuels et les luttes des « classes-castes ».

Dans la chronologie historique, *Antoine et Cléopâtre* fait suite à *Jules César*, mais les deux pièces ne forment pas un diptyque. Huit ans se sont écoulés. Le style de Shakespeare a changé ; le lyrisme s'est intériorisé. À Rome, après la défaite des républicains, le triumvirat s'est partagé le pouvoir et l'Empire. Mais l'équilibre est instable. L'un des triumvirs doit éliminer les deux autres. Cette lutte pour le pouvoir, qui voit triompher Octave César, se double d'une sublime tragédie de la passion sexuelle.

L'assombrissement qui marque l'inspiration de Shakespeare au tournant du siècle est aussi perceptible dans les comédies. Au cours des années qui suivent de peu l'installation de la troupe au théâtre du Globe, les comédies se font plus noires et plus problématiques : en anglais, on les appelle les *problem plays*, car leur interprétation reste délicate. Le titre même de *Tout est bien qui finit bien* (1602) est ironique : tout au long de la pièce, dont l'action se déroule en France et en Italie, le jeune Bertrand de Roussillon a cherché à fuir Hélène, l'épouse que le roi lui a imposée et qu'il n'aime pas. Mais, le dénouement venu, il s'avise qu'il a été piégé : Hélène a pris la place de la jeune Diana, qu'il croyait avoir séduite au cours de ses expéditions italiennes. C'est le « stratagème du lit » (*bed-trick*), que Shakespeare réemploiera. En s'attachant aux sentiments amoureux d'une jeune femme vertueuse et sincère, il signe une pièce féministe avant l'heure. Mais peut-on prendre au sérieux les déclarations effusives d'un homme pris au piège d'une promesse qu'il jugeait impossible à réaliser ?

L'acte V de *Mesure pour mesure* (1604) n'est pas moins inattendu, qui semble devoir finir sur de criantes injustices. Le duc Vincentio quitte de façon abrupte le gouvernement d'une Vienne en proie à la débauche et à la multiplication des lupanars, laissant à son confrère Angelo, le mal nommé, le soin de rétablir l'autorité de l'État. Celui-ci, dans son zèle réformateur, s'en prend au nom de la loi à un jeune homme amoureux, Claudio, qui, n'ayant pas attendu le mariage pour faire l'amour à sa bien-aimée Juliette, se trouve soudainement menacé de mort. Il charge sa sœur Isabella, sur le point d'entrer au couvent, de plaider sa cause. Pour sauver son frère, elle se montre si convaincante que le gouverneur promet d'accorder sa grâce à condition… qu'elle se donne à lui ! Le rigoureux Angelo est donc prêt à violer la loi qu'il a contribué à remettre en vigueur. Vincentio, qui, en coulisse et sous ses habits de moine, n'a cessé d'observer les uns et les autres, empêchera la pièce de tourner à la tragédie et reviendra en majesté dans ses habits de duc pour rétablir la justice.

Hybride et inclassable, et même d'une grande modernité, *Troïlus et Cressida* (1602) peut-elle être classée parmi ces comédies sombres ? Est-ce une version satirique et désenchantée de la guerre de Troie ? L'amour déchiré et trompé, ainsi que la mort d'Hector due à la traîtrise d'Achille relèvent bien de la tragédie, mais l'impuissance des généraux grecs divisés et sans énergie, les sarcasmes de Thersite, l'absurdité d'une guerre dont on a oublié les causes ressortissent à la comédie.

Ces trois comédies amères pourraient être rapprochées de *Timon d'Athènes* (1608), tragédie construite un peu schématiquement comme un diptyque faisant alterner une phase heureuse où Timon se montre un généreux mécène et une phase sombre où il se métamorphose en misanthrope absolu.

III. – Les tragicomédies et les *Sonnets*

Les œuvres écrites entre 1607 et 1613 semblent, malgré leurs différences, former un tout cohérent. Dans le Folio, la première section regroupant les comédies s'ouvrait avec *La Tempête* et se terminait par *Le Conte d'hiver*. *Cymbeline* était classée parmi les tragédies. Ni *Périclès* ni *Les Deux Nobles Cousins*, pièces écrites en collaboration, n'y étaient incluses. La première, tirée d'un conte écrit par le poète John Gower, n'intégra le corpus shakespearien qu'en 1664 ; la seconde, combat de l'amour et de l'amitié (Arcite et Palémon, deux cousins inséparables, s'éprennent de la même femme, Emilia), ne fut publiée qu'en 1841.

Dans ces cinq pièces, qui partagent des caractéristiques communes, on percevait naguère « une sérénité pathétique et majestueuse[1] ». Aujourd'hui, on y lit plutôt du désenchantement et du désespoir. *Le Conte d'hiver* est structuré en deux parties égales mais antithétiques : l'une, tragique (actes I-III) ; l'autre, comique, mettant en scène des retrouvailles, où règne pourtant sourdement la menace de la mort (actes IV-V).

Toutes les œuvres de cette période marquent l'avènement d'une dramaturgie nouvelle, exploration d'un au-delà de la tragédie qui fait la part belle au romanesque, au merveilleux, au surnaturel, à l'illusion et au spectaculaire. Musique et danse y tiennent un rôle important. Dans la partie pastorale du *Conte d'hiver*, la fête des bergers s'accompagne de danses, tout comme le spectacle nuptial de *La Tempête*, où les déesses Iris, Cérès et Junon viennent bénir le jeune couple.

Toutes ces pièces, qui suivent une structure commune, sont marquées par l'esthétique du « masque » jacobéen, spectacle donné à la cour qui se caractérisait par le luxe des costumes et des décors et par l'ingéniosité des machineries employées sur scène. Parents et enfants, d'abord séparés, dans *Périclès* (1608), par la tempête ou, dans *Cymbeline* (1609) et *Le Conte d'hiver*

1. E. Dowden, *Shakespeare : A Critical Study of his Mind and Art*, Londres, Henry S. King & Co., 1875, p. 380.

(1610), par le déchaînement destructeur de la jalousie se retrouvent réunis au terme d'une longue séparation.

Dans *Périclès*, conte picaresque où le héros éponyme subit une série d'épreuves imméritées, la réunion de la famille se produit par l'intermédiaire d'une résurrection qui tient du miracle. Thaïsa, épouse de Périclès, morte en couches au cours de l'orage, est ramenée à la vie par le médecin Cérimon au son d'une musique solennelle.

Dans *Le Conte d'hiver*, la (fausse) résurrection d'Hermione, épouse injustement accusée de Léontès et que l'on a crue morte, a aussi lieu au son d'une musique. La magie invoquée par Paulina consacre la supériorité de la nature sur l'art dans un moment d'une intensité émotionnelle sans égale par ailleurs. Avec cet épisode spectaculaire, comme avec la découverte de Ferdinand et Miranda jouant aux échecs ou le retour intact du bateau naufragé dans *La Tempête*, Shakespeare s'emploie à créer le sentiment de l'émerveillement. Dans *La Tempête*, précisément, chef-d'œuvre singulier et pièce testamentaire (la dernière écrite de la seule main de Shakespeare), le magicien Prospero, qui renonce à ses pouvoirs surnaturels, peut être perçu comme un double de l'auteur disant adieu à son art. Shakespeare s'essaie au respect des trois unités comme il l'a déjà fait dans *La Comédie des erreurs*. L'action dure moins d'un jour et se passe d'abord en mer, puis sur une île déserte habitée seulement par un aborigène – d'abord soumis puis rebelle –, qui n'est autre que Caliban (anagramme de cannibale), créature des ténèbres mi-homme mi-poisson. Dans cette fable résonnant comme une interrogation sur les rapports entre le Vieux et le Nouveau Monde, Caliban et Ariel, l'esprit de l'air qui, dans un premier temps, est aussi au service de Prospero, ont souvent symbolisé les peuples primitifs des colonies, esclaves et jouets des puissances coloniales.

Quant aux *Sonnets*, ils furent publiés en 1609, c'est pourquoi ils sont évoqués ici quoiqu'ils aient sans doute été écrits très antérieurement. Formant un ensemble lié par une trame autobiographique et narrative, ils possèdent une certaine unité stylistique. Le sonnet dit « shakespearien » comporte quatorze vers rimés de façon à former trois quatrains et un distique final contenant une volte (souvent un paradoxe). Les thèmes sont multiples : l'amour, la solitude, les affres de la jalousie, la douleur de l'absence, l'infidélité, les égarements du cœur et du corps, le désenchantement qui suit l'acte d'amour, la beauté et ses envoûtants sortilèges… mais aussi l'immortalité de la poésie et le temps destructeur, la mort des amis, les maux de la condition humaine.

La dédicace, adressée non par l'auteur, mais par un certain T.T., l'éditeur Thomas Thorpe, à *Mr W.H.*, reste un mystère. Monsieur W.H. « to the onlie begetter of these insuing *Sonnets* », littéralement « à l'unique engendreur des *Sonnets* qui vont suivre ». Dans le contexte, « engendreur » doit être compris au sens d'« inspirateur ». Les lettres « W.H. » désignent donc le jeune homme blond (*fair boy*) dont le poète est amoureux et dont il célèbre la beauté physique. Il pourrait s'agir de Henry Wriothesley (dont les initiales auraient été inversées pour mieux assurer son anonymat), comte de Southampton, mécène de Shakespeare et déjà dédicataire de *Vénus et Adonis* et du *Viol de Lucrèce*, encore célibataire au moment de la composition présumée des *Sonnets*. On a pu suggérer aussi que ce jeune homme se prénommait William, comme l'auteur, et qu'il s'agirait alors de William Herbert, connu pour avoir plusieurs fois refusé de se marier. Mais comment deux nobles de cette stature auraient pu accepter de se faire désigner comme des roturiers par le titre de « Mr. » ? Pour Wilson Knight, ces initiales désignent William Hatfield, étudiant en droit connu pour sa beauté. Oscar Wilde, quant à lui, estimait avec humour que le mot *hues* (« couleurs ») orthographié *hews* dans le sonnet XX contient un jeu de mots sur le prénom Hughes. Il invente donc un William Hughes, acteur novice de la compagnie de Shakespeare…

Quelle était exactement la nature des sentiments éprouvés par le poète ? Sur les 154 sonnets que comporte le recueil, 126 disent l'amour – érotique, passionnel, platonique ou sublimé ? – pour un jeune homme blond présenté comme de plus haute naissance. Shakespeare était-il homosexuel ? Les sonnets de Michel-Ange, dont l'homosexualité est connue, s'adressent bien à un homme. Mais les 26 autres sonnets de Shakespeare disent l'enfermement sensuel dans un désir violent pour une tout aussi mystérieuse dame brune. Certains sonnets pourraient d'ailleurs suggérer un triangle amoureux, le jeune homme ayant trahi son amant pour la *dark lady*…

De fait, le poète s'adresse à un jeune homme et ne cesse de lui dire qu'il l'aime, que c'est sa beauté physique qui le met en émoi. Il ne s'agit donc pas d'un lien fondé sur l'amitié ou l'estime réciproque. Amant jaloux, le poète est conscient d'aimer sans être aimé en retour. Mais son attachement n'est pas clairement homosexuel. La lettre du texte semble même l'exclure. Le sonnet XX dit crûment que la nature a donné à son amant, « maître et maîtresse de [sa] passion », de quoi combler les femmes, non les hommes. L'amour éprouvé par le poète semble donc plus sentimental que sensuel ou sexuel. Et dans les dix-sept premiers poèmes, le beau jeune homme blond n'est-il pas invité à prendre femme pour perpétuer sa beauté et rendre à la nature ce qu'elle lui a donné ?

CHAPITRE IV

Les raisons d'un sacre

Lautréamont, ouvrant son Shakespeare, croyait « déchiqueter » la cervelle d'un jaguar[1]. Est-ce la fulgurance de la pensée qui est le facteur majeur de la fascination qu'exerce l'œuvre de Shakespeare ? la richesse des thèmes abordés ? ou bien l'impression que le dramaturge crée un monde parallèle au monde réel, aussi complexe et contradictoire que le monde réel, aussi obscur et difficile à déchiffrer ?

Il y a certes des raisons superficielles et des raisons d'ordre général pour expliquer l'engouement fervent et constant que suscite Shakespeare, mais elles ne rendent pas compte de l'ampleur du phénomène et de ses racines profondes et secrètes. Ainsi, le facteur économique joue indéniablement un rôle. Pour parler vulgairement : Shakespeare est une tête d'affiche qui attire un public conquis d'avance. C'est un texte suffisamment éprouvé pour pallier les défaillances éventuelles de mise en scène. Inversement, c'est pour un metteur en scène l'occasion de voir son talent reconnu[2].

1. *Œuvres complètes de Rimbaud, Lautréamont, Corbière, Cros*, Paris, Robert Laffont, « Bouquins », 1980, p. 779.
2. Voir J. Jourdheuil, *L'Artiste, la politique, la production*, Paris, UGE, « 10/18 », 1976, p. 67.

I. – Le défi de l'œuvre

C'est l'aspect célébrissime d'*Hamlet* qui a séduit Daniel Mesguich lors de sa première mise en scène shakespearienne (1977) et qui l'a incité à monter « le classique des classiques, le texte des textes, la Bible des hommes de théâtre[1] ». Georges Lavaudant, qui a monté *Le Roi Lear* en 1976 à Grenoble, avoue qu'il éprouvait « l'envie iconoclaste de [...] détruire [...] la pièce la plus connue et la plus monstrueuse[2] ». Mais c'est pour ajouter aussitôt que, la tentative se révélant impossible, la passion destructrice se mua bientôt en passion amoureuse.

Il est rare que la fascination disparaisse avec la première mise en scène. De nombreux metteurs en scène reprennent et approfondissent leur interrogation d'une même pièce ou poursuivent de loin en loin leur exploration de l'ensemble de l'œuvre. Mesguich a mis en scène *Hamlet* cinq fois (1977, 1987, 1996, 2011, 2014), mais il a aussi monté *Le Roi Lear* (1981), *Roméo et Juliette* (1985), *Titus Andronicus* (1989), *Antoine et Cléopâtre* (2003). Lavaudant a monté *Le Roi Lear*, *Richard III*, *Hamlet*, *La Tempête*... Et la troupe d'Ariane Mnouchkine, après avoir mis en scène *Le Songe d'une nuit d'été* au Cirque d'hiver en 1968, s'est lancée, au début des années 1980 au théâtre du Soleil – dans des formes inspirées du *kabuki*, du *nô* et du *kathakali* – dans le cycle des « Shakespeare » (*Richard II*, *Henry IV*, *La Nuit des Rois*) avant d'en venir plus récemment (en 2014) à mettre en scène la « pièce écossaise »[3]. L'exemple

1. D. Mesguich, « Shakespeare or not Shakespeare », *Atac-informations*, n° 82.
2. *Ibid.*
3. Il y a une superstition tenace dans le monde britannique du théâtre liant toute incursion dans *Macbeth* à une série de drames et

le plus prégnant et le plus constant de cet investissement shakespearien est celui de Peter Brook, dont la réexploration périodique du « continent » Shakespeare est le poumon de la création théâtrale.

II. – Le théâtre élisabéthain, prototype d'un théâtre populaire

L'opinion courante veut que Shakespeare ait été le premier grand dramaturge de l'époque moderne à concevoir un théâtre qui s'adressât à toutes les couches sociales, aux artisans londoniens autant qu'aux aristocrates de la cour, un théâtre capable à la fois de donner du plaisir et de solliciter la réflexion. Les animateurs de la décentralisation, de Roger Planchon à Bernard Sobel, soucieux de rendre le théâtre matériellement accessible à un public populaire et d'en faire un instrument d'éducation et de culture en même temps qu'un plaisir, ont réservé une place privilégiée à Shakespeare. Leur choix se justifiait inversement par la volonté de promouvoir un théâtre populaire pour lequel la dramaturgie shakespearienne leur paraissait le modèle.

Aujourd'hui, le discours de glorification du théâtre élisabéthain comme exemple de dramaturgie populaire s'est tari. Seul Peter Brook, pour la raison sans doute qu'il n'a pas été mêlé de près ou de loin à l'aventure du Théâtre national populaire (TNP) et de la décentralisation, continue à poursuivre par le moyen d'une mise en scène shakespearienne l'ambition de rassembler la communauté dans sa diversité. Dans l'après-1968, cette volonté de réunir l'ensemble d'une communauté

---

de malédictions. Voir R. Huggett, *The Curse of Macbeth and Other Theatrical Superstitions : An Investigation*, Londres et Atlantic Highlands (New Jersey), Picton Pub. et The University of Indiana, 1981.

paraissait suspecte à ceux qui, au nom de Brecht, réclamaient un théâtre qui divise, un théâtre qui accuse les oppositions sociales au lieu de les masquer. Les raisons pour lesquelles on a cessé de louer le théâtre élisabéthain comme exemple de théâtre populaire semblent donc être des raisons d'idéologie politique. L'offensive menée contre le TNP, par la « critique de gauche » au nom d'un « théâtre matérialiste et politique », a dénoncé l'idéalisme d'un théâtre de communion et mis au jour les illusions et les malentendus véhiculés par la volonté de promouvoir un théâtre *populaire*[1]. Les réalités se sont chargées également de démentir les espoirs : il a bien fallu reconnaître que le nouveau public attiré par le TNP n'était que très relativement et très marginalement « populaire », et que les ouvriers y étaient peu nombreux.

III. – Ouverture de champ

L'extension par toute une époque des curiosités et des appétits autour de Shakespeare reste néanmoins un fait significatif. L'ouverture de champ de l'œuvre de Shakespeare est sans doute la donnée qui rend le mieux compte de l'emprise qu'elle exerce.

Il y a des auteurs dramatiques aptes à explorer les moindres recoins de la vie psychique, mais qui ne savent que rarement analyser avec la même acuité le comportement des groupes sociaux et le mouvement de l'histoire. Inversement, le théâtre à portée sociale explore et exalte rarement l'individualité ; il accepte mal ce qu'il y a d'obscur et d'irrationnel dans l'homme. La force des pièces de Shakespeare vient de ce qu'elles

1. Voir G. Leclerc, *Le TNP de Jean Vilar*, Paris, UGE, « 10/18 », 1971, p. 213-234.

représentent simultanément l'homme sous tous ses aspects : « Shakespeare a réussi ce qu'aucun autre n'avait réussi avant lui et ce qu'aucun autre n'a réussi depuis : à traverser plusieurs strates de conscience[1]. » C'est cette épaisseur de texture, cette existence simultanée de plusieurs niveaux, qui explique le mieux la valeur irremplaçable de ce théâtre. En effet, la dramaturgie shakespearienne a la particularité de brasser de manière indivise le politique et le divin, l'individuel et le social. Elle présente dans une même situation conflictuelle les événements du monde extérieur et les sentiments les plus intimes. Cette aptitude singulière à articuler l'existence psychique des personnages et leur insertion dans le monde est ce qui continue à nourrir l'engouement des metteurs en scène.

Le théâtre shakespearien est un grand théâtre réaliste : il met en scène l'histoire, les rapports des groupes sociaux, le pouvoir et ses représentants. À ce titre, il a toujours intéressé les tenants d'un théâtre politique. Mais sa singularité est de s'intéresser dans le même temps à la vie intérieure des individus, d'embrasser dans le même mouvement l'historique et l'humain, le public et le privé. Cette confrontation perpétuelle de l'individu et de la société, c'est, toujours selon Peter Brook, dans la liberté de mouvement de la scène élisabéthaine qu'elle a trouvé les conditions de son déploiement. Tout autant qu'à l'outil théâtral dont disposait Shakespeare, cette dialectique de l'intérieur et de l'extérieur renvoie à la vision du monde des élisabéthains, qui ne concevaient pas de rupture entière entre l'être et ce qu'il fait, entre l'homme apparent et l'homme intérieur.

---

1. P. Brook in R. Berry, *On Directing Shakespeare*, Londres, Croom Helm Ltd., 1977, p. 113-130. (Je traduis.)

Les correspondances rigoureuses entre l'homme et l'univers dont les chapelets d'images tissent la trame étaient aussi l'un des fondements de l'idéologie de l'époque. Ainsi, la nature déchaînée ou le corps social enfiévré renvoient aux conflits internes de l'individu, en constituent le symptôme et la métaphore. À son tour, l'exploration de l'âme divisée, de ses contradictions psychiques, emprunte aux aventures des grands voyageurs et aux découvertes de l'époque son vocabulaire et ses images.

Ce n'est pas ce que cette vision du monde a d'idéologique qui nous intéresse aujourd'hui. C'est, outre la qualité poétique d'un réseau luxuriant de métaphores, la richesse de texture d'un univers qui ne sépare pas l'homme de la société qui l'entoure ni du cosmos qui les englobe tous deux. De fait, les êtres qu'anime l'imagination de Shakespeare ne sont jamais retranchés de l'existence commune ; ils ne sont ni étrangers aux problèmes de leur temps ni soustraits à l'influence de la nature et du cosmos.

IV. – Les thèmes à résonance sociale et politique

Depuis la Seconde Guerre mondiale, c'est l'ancrage social et historique de l'œuvre qui a le plus attiré les animateurs de la décentralisation. Aujourd'hui encore, les hommes de théâtre concentrent volontiers leur intérêt sur ce qui vit autour des héros de Shakespeare et avec eux : le drame des cités et des royaumes, toute la dimension sociale et politique de son théâtre. Parce qu'elles épousent la liberté et la profusion du mouvement du monde, ces pièces, qui voient le jour à une époque de profonds bouleversements, décrivent un paysage social et politique mouvant. Elles sont le reflet de crises historico-politiques. Ainsi, pour Bernard Sobel, l'aptitude de Shakespeare à rendre compte à chaud des mutations historiques et des transformations économiques et sociales de son temps est intervenue pour une part essentielle dans sa décision de monter tour à tour *Timon d'Athènes* (1971), *La Tempête* (1972), *Coriolan* (1983), *Le Roi Lear* (1987), *Vie et mort du roi Jean* (1990), *Three Penny Lear* (*Un Lear de quatre sous*), puis *Cymbeline* (2010).

La pièce dans laquelle la dialectique des forces sociales est le plus nettement suggérée, celle aussi où le moteur de l'histoire paraît être la lutte des classes, c'est évidemment *Coriolan*, la première pièce du corpus shakespearien aux yeux des marxistes. Pour Gabriel Garran, qui avait monté la pièce à Aubervilliers en 1964 puis l'avait reprise en 1977 au Festival d'Avignon, *Coriolan* présente la première apparition des couches inférieures tentant d'arracher à la classe patricienne le droit de représentation politique. La pièce l'intéresse aussi parce qu'elle pose le problème du héros professionnel, son exaltation qui le fait apparaître comme l'homme providentiel face à un mouvement de masse, même balbutiant.

Qu'il s'agisse de la confrontation entre deux civilisations, de l'opposition conflictuelle entre un homme et une époque, de luttes entre nations ou entre groupes sociaux, l'actualité de Shakespeare réside donc pour une part dans le fait que l'œuvre reflète des sociétés en crise et présente une peinture de l'histoire en train de se faire.

V. – Les thèmes à résonance humaine

Parallèlement à l'importance que l'on continue d'attacher aux thèmes à résonance sociale ou politique, l'intérêt se porte aussi sur des thèmes à résonance individuelle, ou simplement humaine. Ainsi, la thématique de l'amour conjuguée à celle du langage autour desquelles s'organisent la plupart des comédies de Shakespeare semble, depuis 1980, retenir l'attention de nombreux metteurs en scène. Catherine Treilhou-Balaudé met en rapport cet intérêt renouvelé pour des pièces auparavant très peu connues en France et l'émergence de traductions fidèles aux textes d'origine[1]. C'est, de son propre aveu, l'actualité et la force de la réflexion shakespearienne sur l'amour qui avait guidé cet ancien brechtien militant qu'était Roger Planchon dans le choix des deux dernières pièces de Shakespeare qu'il monta au TNP à Villeurbanne : *Périclès, prince de Tyr* (en 1977) et *Antoine et Cléopâtre* (en 1978).

VI. – Richesse thématique et épaisseur de données contradictoires

Naturellement, aucune pièce n'est axée sur un seul sujet et les raisons d'en monter une sont multiples et diverses, y compris en dehors des thèmes à résonance politique et sociale et des thèmes de l'amour et du langage, dont le regain d'actualité est significatif d'une évolution. Le théâtre de Shakespeare aborde des problèmes essentiels et multiples, il foisonne de thèmes

1. C. Treilhou-Balaudé, « Shakespeare, la France, la scène : une histoire lente », in T. Karsenti et M. Poirson (dir.), *Mémoires de l'oubli*, *Études théâtrales*, n° 44-45, 2009, p. 102-109.

entrelacés d'une opulente richesse. C'est à cause de ce foisonnement que chacun trouve à s'exprimer. Il tient pour une large part à la diversité parfois contradictoire du matériau shakespearien.

Parce qu'il colle à la liberté et à la profusion du mouvement du monde, ce théâtre est un foyer dynamique de conflits, de situations et de données parfois contradictoires que ne vient pas ordonner une pensée conceptuelle ou une vision du monde. On a l'impression que l'auteur lui-même se laisse surprendre par la diversité et la richesse du réel.

VII. – Ambiguïté du discours de l'œuvre

La présence simultanée de données contradictoires semble même être l'une des caractéristiques essentielles du théâtre de Shakespeare. Pour Peter Brook, l'ambiguïté lui est constitutive. Vouloir la lever, c'est mutiler l'œuvre, et toute interprétation est réductrice. Quoi qu'on fasse, interpréter Shakespeare, c'est le réduire à ce qu'il n'est pas, puisqu'il est cela et en même temps autre chose. Particulièrement ambiguë, son œuvre déborde toute interprétation. Elle est dans sa nature profonde *anonyme*. Le théâtre ne nous convie pas à écouter *un* discours mais à entendre une confrontation de discours différents, voire antagonistes. Il reste que, dans la plupart des pièces de théâtre, on peut déceler, sinon le point de vue de l'auteur, du moins ses sympathies, ses orientations idéologiques, morales ou politiques.

Chez Shakespeare, les personnages que semblent condamner l'idéologie élisabéthaine ou l'univers moral de l'époque, les bâtards, les traîtres, les personnages les plus transgressifs, sont souvent ceux qui sont les plus éloquents sans qu'*a contrario* celui qui tient la plume apparaisse toujours systématiquement comme le chantre des opprimés, des exclus et des faibles. Plus que tout autre auteur, et à un degré inégalé dans l'ensemble de la littérature dramatique, Shakespeare pratique ce que José Ortega y Gasset dénomme joliment « la démocratie optique » : il fait crédit à tous ses personnages et ne refuse à aucun les ressources de son éloquence. Dans une sorte de suspension du jugement moral qui lui permet de donner une voix singulière aux passions et aux motifs les plus opposés (Keats parle de *negative capability*, c'est-à-dire d'empathie), Shakespeare adopte tour à tour le point de vue de chacun de ses personnages. Il porte un regard égal sur chacun d'eux, aussi petit et insignifiant soit-il. Il donne à tous ses *villains,* ses personnages de méchants et de scélérats (Richard III, Shylock, Iago, Macbeth, Edmond...) des motivations fortes et convaincantes. Notre tendance est grande à prendre ces motivations pour des justifications et à considérer que l'intensité émotionnelle d'une tirade est la mesure d'une évaluation morale ou du jugement porté par Shakespeare sur le personnage qui la prononce.

Ainsi, toute une tradition romantique et idéaliste, s'appuyant sur le célèbre passage où Shylock souligne qu'un juif est un homme comme les autres (III, I, 46-66), voit dans *Le Marchand de Venise* un réquisitoire contre l'antijudaïsme. À l'opposé, une autre tradition critique taxe cette interprétation d'anachronisme et souligne à l'envi l'antijudaïsme élisabéthain tel qu'il s'est manifesté, par exemple, dans l'affaire Roderigo Lopez[1]. Elle ne résout pas pour autant le problème. Le fait même que la reine a choisi un juif comme médecin

1. Portugais d'origine juive qui fut le médecin personnel de la reine Élisabeth : soupçonné d'avoir voulu attenter à sa vie, il fut publiquement pendu et écartelé en 1594.

personnel peut très bien suggérer qu'elle ne partageait pas l'antijudaïsme ambiant[1]. Il n'y a, de même, aucune raison de supposer que Shakespeare le partageait.

Si, inversement, on prenait l'exemple de héros positifs ou généralement considérés comme tels, on ne tarderait pas à trouver des passages où cette « positivité » est singulièrement relativisée. Le personnage de Henry V est considéré d'habitude comme l'archétype du bon prince chrétien conscient de ses responsabilités. Pour peu que l'on attache aux paroles d'un soldat la même importance qu'aux paroles d'un roi, la scène où, déguisé, Henry fait le tour du camp anglais pour sonder le moral de ses troupes projette sur son sens des responsabilités une lumière extrêmement critique (*Henry V*, IV, I, 123-187). Henry ne se tire de la contradiction que par un raisonnement analogique proche du sophisme, et pour tout dire spécieux. Si l'on passe de l'analyse du personnage à l'analyse de la pièce dans son ensemble, on voit à l'œuvre ce même processus de relativisation. À la lecture, *Henry V* donne l'impression d'être une épopée militariste exaltant les vertus patriotiques anglaises. Elle commence pourtant par des scènes de cynisme politique où ce militarisme est nettement remis en question. Tout ce qui touche aux droits de succession à la couronne de France, au marchandage du clergé avec le monarque qui lui demande de justifier la guerre, incite à penser qu'on peut également interpréter la pièce de bout en bout, et malgré ses tonalités épiques prédominantes, comme un discours de dénonciation du militarisme.

La richesse de ces pièces réside précisément en ce que Shakespeare est avant tout un « fournisseur » :

1. A.D. Moody, « Shakespeare : *The Merchant of Venice* », *Studies in English Literature*, 21, Londres, Edward Arnold, 1964, p. 19.

il ne communique pas un point de vue ; il crée une *matière dramatique vivante*, se contentant du rôle de témoin. Comme le dit Brecht : « Shakespeare, lui, n'a pas besoin de penser. Et pas davantage de construire. Chez lui, c'est le spectateur qui construit. Shakespeare ne trousse pas, au deuxième acte, le cours d'une destinée humaine pour rendre un cinquième acte possible. Tout chez lui connaît une fin naturelle[1]. »

Chez Shakespeare, rien n'est conceptualisé : ses drames mettent en scène le monde réel avec toutes ses contradictions. Les faits et les comportements ne s'ordonnent pas selon des idées préconçues. L'idée n'a pas encore maîtrisé la matière : celle-ci se développe de façon luxuriante, dans tous les sens, en un désordre naturel. Le public peut participer aux grandes discussions ; l'écrivain de théâtre donne et provoque des idées, il ne nous fait pas prendre le tout pour l'incarnation de ses propres idées. Nous voilà contraints (ou à même) d'entrer dans le jeu des événements qui se produisent entre ses personnages et d'en déduire des opinions, sans être obligés de les faire nôtres.

En somme, l'extraordinaire richesse des pièces de Shakespeare découle de la multiplicité de données contradictoires, de la pluralité des mobiles qui font le drame, la personnalité de l'auteur s'effaçant ou se résolvant entièrement dans cet objet qu'est le poème dramatique. Si cette multiplicité contradictoire est stimulante pour la réflexion critique du spectateur, elle frappe de nullité toute tentative de cerner, sinon un *point de vue* de l'auteur, du moins un discours de l'œuvre. Il n'y en a pas en soi, indépendant de celui que ses lecteurs, ses

1. B. Brecht, *Écrits sur le théâtre*, chap. IV : « Le théâtre épique », éd. sous la direction de J.-M. Valentin, Paris, Gallimard, « Bibliothèque de la Pléiade », 2000, p. 201.

commentateurs ou ses interprètes veulent lui faire tenir en réponse aux questions qu'*ils* se posent.

VIII. – Une œuvre ouverte à des lectures multiples

Cette rugosité de texture, cette épaisseur de données contradictoires qui n'est pas enserrée dans le carcan d'un système intellectuel fermé explique que l'œuvre de Shakespeare soit, plus que toute autre, ouverte à des lectures multiples. Un texte n'est pas une structure fermée, repliée sur un sens univoque qu'il faudrait mettre au jour, mais une poupée gigogne protéiforme permettant une pluralité de lectures.

Toute œuvre est par nature ouverte à un éventail d'interprétations multiples, circulant à différents niveaux, selon les lieux, les époques, et où le sens n'est jamais clos. Certains textes néanmoins, parce qu'ils mettent en branle la dialectique d'une démonstration ou s'ordonnent autour d'une idéologie clairement exposée, tentent de réduire cette pluralité de lectures virtuelles et de canaliser l'interprétation. La pensée construit le réel en une totalité sans faille qui élague les éléments hétérogènes. À l'inverse, l'absence de grille de lecture contraignante dans l'œuvre de Shakespeare en assure la grandeur. Le champ ouvert à la recherche et à l'investigation par l'œuvre shakespearienne est d'autant plus grand qu'il n'est pas au préalable codifié et balisé par une pensée démonstrative.

IX. – La réflexion sur le théâtre

Chez Shakespeare, la théâtralité ne se masque pas. Le rôle des chansons, la présence des bouffons, du « théâtre dans le théâtre », sont quelques-uns des éléments de la dramaturgie shakespearienne par lesquels la représentation théâtrale se désigne comme telle. Souvent aussi, le théâtre se prend lui-même pour objet et promeut un questionnement sur la fiction et ses pouvoirs.

Hamlet est l'exemple même de la pièce où la réflexion sur le théâtre tient une place centrale. Le monologue d'Hécube (*Hamlet*, II, ii, 476-532) y dénonce avec force le simulacre et l'artifice du jeu dramatique ; il établit avec une étonnante modernité le paradoxe du comédien cependant que la représentation donnée devant le roi et la croyance d'Hamlet que le spectacle de son crime suffit à en émouvoir l'auteur témoignent à l'inverse des pouvoirs exorbitants accordés à la fiction théâtrale.

Si *Hamlet* est un exemple privilégié, ce n'est pas un cas isolé. La réflexion sur le théâtre, ses artifices et ses pouvoirs, traverse presque toutes les pièces. On ne s'étonnera pas alors qu'une époque comme la nôtre, où la création artistique s'accompagne souvent d'une réflexion sur l'art lui-même, soit attirée par cet aspect de la dramaturgie shakespearienne. Il n'est guère de fiction aujourd'hui, romanesque, théâtrale ou cinématographique qui ne se préoccupe d'afficher son caractère de fiction et de mener une interrogation interne sur son propre fonctionnement. Mais à l'inverse de certaines œuvres modernes, où ce type d'interrogation relève du procédé ou de la mode, la réflexion sur le théâtre comme outil d'appréhension ou comme moyen de transformation du réel est, chez Shakespeare, organique et consubstantiel à l'œuvre. La présence du « théâtre dans le théâtre » n'est pas une interrogation pirandellienne avant la lettre ou une simple illustration de l'idée que jeu et société sont intrinsèquement liés. Il institue une mise en cause de la représentation elle-même, « comme si le théâtre, par cette division répétant celle de la conscience, s'interrogeait enfin sur ses propres pouvoirs[1] ». L'important n'est pas que la petite intrigue vienne contrefaire la grande, mais qu'elle l'influence en la représentant. Comme cela apparaît dans *Hamlet*, « la pièce dans la pièce » est un procédé de démasquage par la théâtralité, de mise au jour du vrai, et une façon de forcer le social, de rendre le théâtre *actif*.

On comprend aisément ce que cette réflexion sur l'efficacité du théâtre ou sur la nature de la représentation peut avoir de passionnant pour des artisans soucieux d'interroger leur art.

X. – La magie du verbe : une langue riche à traduire

En France, l'attrait de Shakespeare s'enracine aussi paradoxalement dans la nécessité de le traduire. La qualité singulière de la langue shakespearienne est un autre facteur influent dans la mesure où, demandant traduction, elle offre la liberté de la parole à l'intérieur d'une fable, de situations et de personnages reconnus pertinents.

Loin de considérer la traduction comme un mal nécessaire ou comme une contrainte étouffante, les traducteurs ou adaptateurs français y voient la possibilité d'une grande liberté d'expression. Là encore, la sollicitation exercée par l'œuvre est à la fois attirance et défi. Attirance, parce que la richesse de la langue poétique de Shakespeare, la luxuriance sémantique, rend le travail de traduction passionnant. Défi, parce que ce travail se heurte à d'importantes difficultés.

1. J. Paris, *Univers parallèles*, Paris, Seuil, 1975, p. 41.

Le vocabulaire français est beaucoup moins riche que l'anglais, qui dispose, pour désigner un même objet, de mots d'origine anglo-saxonne et de mots d'origine latine. Le foisonnement des métaphores rend leur traduction délicate dans une langue sur laquelle ont pesé pendant des siècles des normes culturelles de clarté et de logique. Ainsi, André Gide abandonna une première traduction d'*Hamlet* avant de la reprendre à la demande de Jean-Louis Barrault : selon lui, il était trop difficile de concilier les rouages de l'imagination shakespearienne avec la logique de l'esprit français[1]. Le souci de faire naturel conduit souvent à donner un caractère familier au vocabulaire, à élaguer images et figures et à démembrer la syntaxe. On observe ainsi une tendance actuelle à la concision, à la clarté et à l'adoption d'un langage plus contemporain, dans une démarche assez générale de délittérarisation du texte.

Pourtant, la langue poétique de Shakespeare n'est pas un ornement de l'expression. On pourrait la définir comme un idiolecte dont il importe de circonscrire avec précision les composantes avant d'aborder de façon schématique les tenants et aboutissants de sa traduction en français.

1. J. Jacquot, *Shakespeare en France. Mises en scène d'hier et d'aujourd'hui*, Paris, Le Temps, 1965, p. 76.

CHAPITRE V

La langue de Shakespeare et sa traduction en français

I. – L'idiolecte shakespearien

Malgré la périphrase bien connue désignant l'anglais comme « la langue de Shakespeare », Shakespeare n'écrit pas en anglais, mais dans un idiolecte poétique différant tout autant de l'anglais d'aujourd'hui par son obscurité, sa liberté créatrice, son lexique et sa syntaxe, que de la langue de ses contemporains. S'il a largement contribué à l'évolution et à l'enrichissement de sa langue maternelle, celle que son œuvre déploie peut être considérée, quoique creusée dans l'anglais, comme étrangère, tout à la fois proche et lointaine, morte et vivante, d'autant plus fertile qu'elle résiste à la compréhension, à la prononciation, à la traduction et empêche toute fixation du son et du sens.

Il existe de nombreux glossaires et dictionnaires[1] consacrés à cette langue souvent ambiguë, complexe, polysémique. S'ils contiennent des milliers d'entrées, c'est en raison de l'ampleur et du « foisonnement quasi rabelaisien[2] » du vocabulaire shakespearien,

1. Citons principalement le *Shakespeare-Lexicon* (1886) d'Alexander Schmidt (rééd. Berlin et New York, De Gruyter, 1971, 2 vol.), *A Shakespeare Glossary* (1911) de C.T. Onions (rééd. Oxford, Clarendon Press, 1995) et le *Shakespeare's Words : A Glossary and Language Companion*, de David et Ben Crystal (Londres, Penguin, 2002).
2. Voir H. Suhamy, « La Langue de Shakespeare », in Shakespeare, *Œuvres compètes III*, Paris, Gallimard, « Bibliothèque de la Pléiade », 2008.

qu'il est courant d'opposer à l'extrême économie du vocabulaire de Racine. Un total de 30 000 mots est communément porté au crédit de Shakespeare. Il renvoie aux statistiques fournies par la *Concordance* de Martin Spevack, premier essai de recension électronique, qui répertorie 29 066 mots différents sur un total de 884 647 mots[1].

Cette prodigalité lexicale tient en partie au fait que l'anglais est une langue duelle, mixte de vieil anglais et de français médiéval, soit d'une langue germano-scandinave aux mots courts, le plus souvent monosyllabiques, et d'une langue d'origine française aux mots longs, polysyllabiques. Les deux fonds coexistent – par exemple *to begin* et *to commence*[2] – et se mélangent avec des effets expressifs divers. Quand ils se combinent en un même syntagme, la dualité d'origine se perd en français : comment traduire *royal King* dans une langue romane unifiée ? À cela s'ajoutent la fréquence des néologismes créés par agglutination, les passages en français macaronique dans *Henry V*, les emprunts au latin, à l'espagnol, à l'italien[3], voire aux parlers celtes, dialectes écossais, gallois, irlandais toujours dans *Henry V*, dialecte gallois dans *Les Joyeuses Épouses de Windsor*, et un vocabulaire spécialisé qui touche à de multiples domaines du monde physique et des activités humaines (guerre, armes, blason, héraldique, fauconnerie, vêtements, droit, justice, commerce, etc.).

La caractéristique majeure de cette langue est qu'elle diffère par son lexique et sa syntaxe de l'anglais

1. Faut-il compter *goes*, *going*, *gone* comme trois mots différents ? Cette évaluation pose d'évidents problèmes de méthodologie.
2. Voir H. Suhamy, « La langue de Shakespeare », art. cité, p. LIV.
3. Voir M. Lacroix, « Shakespeare au « "Banquet" des langues étrang(èr)es », *Actes du congrès de la Société française Shakespeare*, n° 31, 2014, p. 1-17.

du XXIe siècle, d'où les risques de méprise. Depuis quatre siècles et demi, l'anglais a évolué et les mots ont souvent changé de sens : dans Shakespeare, *to make love* veut dire « faire sa cour » et non pas « faire l'amour » ; *affection* désigne le plus souvent le « désir » et non la « tendresse » ; *favour*, le « visage » (plus souvent que la « grâce » ou la « faveur ») ; *modern* veut dire « banal » et non « moderne » ; *fancy* se réfère au sentiment amoureux soudain, à ce que Stendhal a appelé la « cristallisation », plus souvent qu'à la « fantaisie ».

Shakespeare a joué un rôle considérable dans la création, l'invention de la langue élisabéthaine et dans l'évolution de la langue anglaise, et ce, d'autant plus librement qu'il n'a jamais existé et n'existe pas en Angleterre d'institution régulatrice de la langue comparable à l'Académie française. On a pu parler de l'anglais shakespearien comme d'une langue « déréglée[1] », non soumise à des règles, comme l'attestent des tournures agrammaticales sans doute issues de la langue populaire que sont les doubles négations, les doubles comparatifs ou les doubles superlatifs. Pour la première fois entrent dans la langue anglaise des mots devenus aussi courants que *assassination*, *addiction*, *amazement* (« stupéfaction »), *bloody* (« sanglant »), *countless* (« innombrable »), *dwindle* (« diminuer »), *eventful* (« mouvementé »), *fashionable*, *gloomy* (« sinistre »), *laughable* (« risible »), *lonely* (« solitaire »), *sanctimonious* (« prêcheur », « moralisateur »), *suspicious* (« douteux », « suspect ») pour ne citer que ceux-là, sans parler d'expressions telles que *to break the ice* (« briser la glace »), *fair play* (adopté également par le français), *a sorry sight* (« une triste vision »), *all of a sudden* (« tout

1. Y. Braïlowsky, in *Le Figaro histoire. William Shakespeare, le théâtre du monde*, hors-série n° 89, février 2015, p. 58.

d'un coup »), *naked truth* (« vérité nue »), ou de phrases proverbiales telles que *All that glitters is not gold* (« Tout ce qui brille n'est pas or », dans *Le Marchand de Venise*) ou *Jesters do oft prove prophets* (« Les rieurs se montrent souvent prophètes », dans *Le Roi Lear*).

La prononciation aussi a changé, comme le montrent les rimes où les mots *I*, *lie*, *sigh* (aujourd'hui prononcés [aj]) riment avec des mots finissant en *-ty* ou *-dy* qui se prononcent à présent [i]. Les participes passés en *-ed* étaient tantôt prononcés tantôt élidés. La graphie n'était pas fixe, d'où des doublons comme *bond* et *band* qui ont un sens identique (« lien », « chaîne », « promesse » ou « contrat »). Quant à la ponctuation qui parfois modifie le sens, elle a sa cohérence et demande à être traduite (transposée) elle aussi. Les deux points qui surabondent dans les premiers textes imprimés correspondent le plus souvent à un point, ou remplacent les points d'exclamation absents.

Plusieurs formes coexistent comme les terminaisons en *-th* voire *-eth* et en *-s* à la troisième personne du singulier. La forme interrogative se fait par simple inversion ou comme aujourd'hui avec l'auxiliaire *do*, ce qui prouve que la langue est en évolution, les formes archaïques étant destinées à disparaître. Une autre fluctuation surprenante liée à l'héritage de l'anglais médiéval et de l'anglais biblique est celle qui maintient une différence entre la deuxième personne du singulier et la deuxième personne du pluriel, fluctuation encore plus étonnante si l'on constate que l'on peut passer du vouvoiement au tutoiement, mais aussi inversement. Roméo et Juliette se vouvoient, mais passent au « tu » (*thou*) dans les moments d'intimité émotionnelle. Rare est la locution *to be* + forme verbale en *-ing*, omniprésente dans l'anglais d'aujourd'hui ; rares également les verbes à postposition présentés le plus souvent par les linguistes comme le trait idiomatique le plus caractéristique de l'anglais (d'aujourd'hui). Comme en vieil anglais, le possessif *his* pouvait avoir un antécédent neutre et non toujours masculin. Bref, il existe une grammaire et une syntaxe proprement shakespeariennes[1].

II. – Langue et style

Dans l'Angleterre protestante, les sermons et homélies, écrits en anglais et non plus en latin, jouent un grand rôle, acclimatant un style sentencieux, répétitif et oratoire. Au tournant du XVIIe siècle, l'anglais commençait seulement à devenir la langue des lettrés aux dépens du français et du latin, encore parlés à la cour. Sous Jacques Ier (de 1603 à 1625), une autre source contribuera à façonner la langue de manière décisive : la nouvelle traduction de la Bible publiée en 1611, dite *King James Version*, la Bible du roi Jacques ou « version autorisée » à partir de laquelle les enfants apprendront à lire l'anglais.

Tous les commentateurs et interprètes s'accordent à trouver les textes de Shakespeare difficiles… voire alambiqués. Comparé à Marlowe, son contemporain, plus fluide et plus facile d'accès, Shakespeare est compliqué, moins par l'archaïsme de sa langue vieille de quatre siècles et demi qu'à cause de la complexité de sa pensée. Son œuvre évolue d'ailleurs dans le sens d'une complication de plus en plus marquée. *La Comédie des erreurs* ou *Le Songe d'une nuit d'été* sont plus faciles à lire en anglais, plus simples à comprendre que des œuvres plus tardives comme *Coriolan*, *Antoine et Cléopâtre* ou *Cymbeline*. Et pourtant le style des premières œuvres

1. E. Abbott, *A Shakespearean Grammar*, Londres et New York, Macmillan & Co., 1870.

jusqu'à *Hamlet* est très marqué par la préciosité et le pétrarquisme, par un culte et une culture du langage et des figures de style, où foisonnent les *concetti* et surtout les jeux de mots dont Samuel Johnson, célèbre critique du XVIIIe siècle, regrettait qu'ils fussent la « fatale Cléopâtre » de Shakespeare. Comme on le sait par le foisonnement des notes involontairement comiques des éditions françaises : jeu de mots, jeux d'esprit et calembours sont souvent sexuels. Assez fréquemment traduisibles – n'était la pudeur –, ils sont si nombreux qu'ils font l'objet de dictionnaires spécialisés[1]. Le style précieux pratiqué par Shakespeare – combinant répétitions, antithèses, chiasmes, antanaclases (polysémie d'un même mot), paronomases (sonorités proches, sens différents : *love*, *live*, *leave*), anaphores, épiphores, polyptotes (*A beggar begged that never begged before*, dans *Richard II*), hendiadyin (*our griefs and clamour*, « nos chagrins et notre clameur ») et hypallages[2] (« les beaux effets des espoirs futurs ») – s'appelle, dans la critique britannique, l'*euphuisme*[3], qui désigne une écriture extrêmement élaborée et artificielle.

III. – La versification

Dans Shakespeare, prose et vers alternent. Schématiquement, nobles et rois parlent en vers ; serviteurs, rustres et roturiers s'expriment en prose. Ce principe de distribution sociale n'est qu'un point de repère, et les

1. Voir E. Partridge, *Shakespeare's Bawdy* [*L'Obscénité dans Shakespeare*] : *A Literary & Psychological Essay and a Comprehensive Glossary*, Londres, Routledge, 1955.
2. Pour tous ces termes techniques, voir H. Suhamy, *Les Figures de style*, Paris, Puf, « Que sais-je ? », 2016.
3. Du titre d'un roman de John Lyly, *Euphues, ou l'Anatomie de l'esprit* (1578).

contre-exemples abondent. Dans *La Tempête* (III, ii), Caliban prononce les plus beaux vers de la pièce pour évoquer la musique de l'île. Les aristocrates facétieux de *Beaucoup de bruit pour rien*, Béatrice et Bénédict, s'expriment dans une prose savante, volubile, compliquée, pleine de verve, constellée de figures de rhétorique… et beaucoup plus difficile à comprendre dans cette pièce que le vers. Prose et vers ont des fonctions dramatiques et poétiques variables. La prose est parfois le langage de la folie, mais les Fous parlent par moments en vers (fonction aphoristique).

Le vers shakespearien, qui a la même fonction culturelle que l'alexandrin en France, s'en distingue par le fait d'être un vers non rimé. Le vers blanc (*blank verse*), non rimé, est majoritaire : 70 000 vers pour l'ensemble de l'œuvre dramatique[1]. Il est plus présent que les vers rimés (environ 8 000 vers), plus présent également que la prose (entre 25 000 et 30 000 lignes ; la « justification » – le nombre de caractères ou de blancs par ligne – varie d'une édition à l'autre, empêchant une évaluation chiffrée précise).

Quatre histoires sont écrites exclusivement en vers : la première et la troisième partie de *Henry VI, Le Roi Jean* et *Richard II*. Cela étant, certaines œuvres qui ne semblent pas moins poétiques contiennent plus de prose que de vers : la deuxième partie de *Henry IV*, *Beaucoup de bruit pour rien*, *Comme il vous plaira*, *La Nuit des Rois*, *Les Joyeuses Épouses de Windsor*. Parmi les comédies, dans *Peines d'amour perdues* et dans *Le Songe d'une nuit d'été*, le nombre des vers rimés est supérieur à celui des vers blancs, qu'on appelle des pentamètres iambiques. Ceux-ci sont constitués de cinq pieds et sont animés par un rythme « iambique », c'est-à-dire un rythme ascendant

1. Voir H. Suhamy, « La langue de Shakespeare », art. cité, p. LXIX.

qui va de la syllabe inaccentuée à la syllabe accentuée. Le vers le plus connu de la littérature mondiale peut servir d'exemple pour évoquer sensiblement ce rythme :

U– U– U– –U U–
To be / or not / to be, / that is / the question.

Il comporte d'ailleurs deux traits atypiques : le rythme s'inverse au quatrième pied (*that is* est une variation ou modulation de type trochaïque, de la syllabe accentuée à la syllabe inaccentuée) ; le cinquième pied retrouve le rythme iambique, mais une onzième syllabe, non accentuée, clôt le vers. C'est ce qu'on appelle un vers féminin, le vers masculin, majoritaire, s'arrêtant à la dixième syllabe sur un terme accentué.

Un autre terme est d'ailleurs employé pour désigner ce vers blanc shakespearien : on l'appelle aussi « décasyllabe iambique », expression qui implique une théorie sensiblement différente de celle du pentamètre iambique[1].

IV. – Problématique de la traduction

Poétique, la langue de Shakespeare est aussi une langue de théâtre qui se donne en spectacle, conçue pour être vue, mise en corps, en bouche, en voix. Cette dimension théâtrale est le guide le plus sûr du traducteur chargé de porter non seulement le sens, ses nuances et ses couleurs, mais aussi les données du jeu théâtral qui a pris corps dans la langue du poète.

Comment transmettre en effet les particularités de cet idiolecte poétique shakespearien dans une autre langue dont la physique, le lexique et la syntaxe diffèrent du

1. Voir H. Suhamy, *Shakespeare*, Paris, LGF, « Le Livre de Poche », 1996, p. 59-60, et surtout sa thèse : *Le Vers de Shakespeare* (1984).

tout au tout ? Le français ne dispose pas de l'opposition entre voyelles longues et voyelles brèves sur laquelle repose la musicalité des vers de Shakespeare. Son orientation analytique le pousse à employer plus de mots que l'anglais, plus concis. Les monosyllabes dont use Shakespeare de façon expressive, par exemple dans les incantations des sorcières dans *Macbeth*, sont rares en français, langue romane unifiée d'origine latine. L'anglais élisabéthain a un lexique pléthorique, tandis que le français, corseté par le classicisme, s'est détourné de cette prodigalité baroque. Shakespeare joue de l'homophonie entre *sun* (« soleil ») et *son* (« fils ») tout au long de son œuvre (voir *Richard III*, I, I, 2 ; ou *Hamlet*, I, II, 67) ou de la polysémie de certains mots tels que le mot *will* : diminutif de William, volonté, vouloir, désir sexuel[1], testament. Ambivalence et amphibologie règnent en maîtres, déroutant le traducteur français contraint de s'en remettre à des périphrases explicatives. *Concetti*, paronomases, jeux de mots à fonds multiples – dont beaucoup sont aujourd'hui inintelligibles – explosent comme des feux d'artifice tout au long de *Peines d'amour perdues* qu'une traduction française est obligée de clarifier, de simplifier et, partant, de revivifier, sans quoi la pièce risque de perdre toute saveur, tout dynamisme linguistique et tout ludisme[2].

D'une traduction de Shakespeare à l'autre, seuls diffèrent en apparence le choix des vocables et le traitement des données formelles : prose ou vers, adoption du vers libre ou d'un mètre régulier. En vérité, dans l'exercice concret de la traduction, le traducteur doit à

1. *Will* a aussi parfois le sens de « pénis » ; voir F. Laroque, *Dictionnaire amoureux de Shakespeare*, Paris, Plon, 2016, p. 872-874.
2. Voir J.-M. Déprats, « Traduire Shakespeare », art. cité, p. LXXIX-CXXI, notamment p. LXXXIII-LXXXIX.

tout moment faire des choix, taraudé par des impératifs contradictoires que toute proposition concrète ne peut manquer de hiérarchiser. Il faut cerner le sens, garder le rythme, préserver les sonorités, les métaphores, la prosodie, ne pas distendre le ressort poétique, etc.

Dans quel ordre de priorité ? Comment choisit-on ? Est-ce affaire de sensibilité, de stratégie de traduction, de prise de position à l'égard de la langue, de la fonction et de la destination de la traduction ? Tout cela en réalité. Le traducteur travaille dans l'empirisme, mais il ne peut progresser dans le labyrinthe que s'il se forge, soit d'entrée de jeu, soit chemin faisant, quelques principes de traduction adaptés à son objet. Sommé de répondre à des sollicitations diverses, souvent contradictoires, il n'a d'autre guide, dans le dédale des contraintes, que l'écoute d'une voix intérieure dont il cherche à retrouver l'inflexion. Une voix, une diction, une respiration qui lui font préférer tel vocable, telle musique, tel ordre des mots. C'est l'impulsion rythmique, ample ou nerveuse, fluide ou heurtée, qui constitue le chant de chaque traduction, sa poétique interne. Si ce chant fait défaut, la traduction n'est qu'une suite de mots morts, exacts peut-être, mais sans nécessité.

Tout aussi indispensable est l'existence de choix cohérents dessinant une philosophie de l'expression qui permet de répondre de façon concertée aux questions qui surgissent : la littéralité est-elle le contraire de l'exactitude ? Quel tribut payer au « génie » de la langue traductrice ? Le contenu de la poésie dramatique est-il, à bon droit, séparable de sa forme ? Quelle part accorder à l'historicité de la langue ? Faut-il sacrifier l'exactitude et la richesse métaphorique au souci du style oral, de la « mise en bouche » ? Autant de questions dont la réponse ne s'improvise pas. Autant de réponses que de traductions.

Les trois grandes questions qui se posent au traducteur portent sur le *vers*, sur l'*historicité* de la langue et sur la *théâtralité*.

Opte-t-on pour des traductions à métrique régulière, alexandrin – rimé, non rimé ou décasyllabe –, pour des traductions en vers libre… ou même pour des traductions en prose ? Il n'est pas évident qu'il faille choisir un mètre régulier en français, alexandrin ou décasyllabe, pour rendre le *blank verse* shakespearien. Le contenu sémantique est trop riche, les mots français trop longs par rapport à leurs équivalents anglais. Tailler sauvagement et arbitrairement dans cette matière est une opération de pur artifice. Au demeurant, l'alexandrin apporte un autre climat : celui de la tragédie classique française. La facture du vers anglais impair et inégal, sa mobilité sont aux antipodes de l'équilibre rythmique de l'alexandrin, structuré le plus souvent en deux moitiés parallèles, hémistiches de longueur égale. Pour des tirades animées par la fureur (Lear), la véhémence (Othello) ou la paranoïa (Léontès), l'alexandrin est pur mensonge, le décasyllabe impossible, car trop mutilant du point de vue du sens.

La question de l'historicité de la langue peut se résumer à l'opposition entre traductions archaïsantes et traductions modernisantes. Même si les tentatives sont rares, rien ne serait plus fondé que de traduire Shakespeare dans une langue française des XVIe et XVIIe siècles. Mais le traducteur d'aujourd'hui qui tenterait d'écrire une traduction dans une imitation de langue ancienne risquerait de tomber dans le pastiche et de fabriquer un meuble de style. L'artifice est inévitablement au rendez-vous lorsqu'on essaie de ressusciter une langue ancienne. La plupart des traductions sont écrites dans un français contemporain. Si la solution de la transposition moderne s'impose, le risque est, là,

celui de la vulgarisation et du rapprochement indûment actualisant.

Dans tous les cas de figure, l'enjeu majeur reste de toucher un public contemporain en évitant d'écrire une langue trop livresque. Est-ce à dire qu'il y a deux types de traduction, les unes pour la lecture, les autres pour la scène ? Traduire un texte de théâtre, c'est prendre en compte la parole, non l'écrit destiné à une lecture silencieuse et solitaire. Le *dire* théâtral s'accompagne d'un *faire*, de l'engagement et du partage des corps, de l'implication des voix que programment les mots. Les mots sont des gestes, traduisent les pulsions de la pensée dans un phrasé lié au souffle. Un texte de Shakespeare sollicite un acteur par les propositions qu'il contient pour l'action physique et l'interprétation vocale, et c'est la tâche essentielle du traducteur de théâtre d'inscrire ces potentialités dans la partition sonore et rythmique des mots.

À cet égard, la traduction de Shakespeare met le traducteur aux prises avec des questions limites. Questions de texte d'abord, quand il existe plusieurs versions de la même pièce. Questions de lecture ensuite, quand celle-ci, quatre siècles après l'écriture des œuvres, n'en présente pas moins de zones d'ombre. Alors que les exégètes exhument encore des chausse-trappes dans les originaux, les traducteurs continuent d'affronter l'intraduisible de Shakespeare, cet enfer de jeux de mots à triple ou quadruple détente, d'archaïsmes, de formules d'une concision diabolique. Âpre tâche que celle de réinventer Shakespeare en français, car ici restituer ne suffit pas, sous peine de livrer une épreuve morte, un clone ; il faut revivre, faire corps avec le texte, plonger dans sa nuit comme dans ses états miraculeux d'évidence et de poésie, en faire pour ainsi dire l'*expérience*.

CHAPITRE VI

Shakespeare après Shakespeare : interprétations, adaptations, réécritures

I. – Shakespeare à la scène

Faut-il tirer l'œuvre de Shakespeare vers nous ou la replacer dans son contexte d'origine ? Souligner les parentés ou creuser les différences ? À ces questions, la mise en scène contemporaine apporte des réponses variées qu'on peut tenter d'ordonner en une typologie. On peut distinguer deux types d'entreprises : celles qui situent le texte dans l'histoire et celles qui tirent l'œuvre vers un intemporel.

Les premières s'organisent autour d'un référent historique variable. Il y a le temps de la fable (difficile parfois à cerner avec précision), le temps de la création et le temps de la représentation. Les réalisations en costumes d'époque, celles qui historicisent en fonction du référent évoqué par le texte – Rome des Césars ou haut Moyen Âge anglais – sont souvent des réalisations académiques, aux codes de jeu figés et conventionnels.

Une tentative plus rigoureuse consiste à dégager les liens multiples qui rattachent l'œuvre au contexte économique, sociopolitique et idéologique de sa création. La tentative de ressaisir le contexte historique peut s'accompagner de la volonté de retrouver les données scéniques de la création, les conditions de jeu et le mode de représentation de l'époque élisabéthaine. Démarche pour une large part hypothétique et expérimentale sous ses formes de reconstitution archéologique, mais dont l'esprit a permis de renouer avec la liberté de mouvement des œuvres. Si, à l'inverse, on privilégie le temps de la représentation, on tire Shakespeare vers l'époque actuelle, voire le contemporain le plus immédiat, et on souligne les analogies et les résonances modernes.

Depuis plusieurs décennies, les *Macbeth* fascisants, les *Jules César* en uniformes ou les *Hamlet* en blue-jeans peuplent nos scènes. Une forme assez voisine d'actualisation consiste à placer l'œuvre dans une époque plus ou moins récente de l'histoire moderne sans nécessairement la transposer dans un environnement actuel. La dérision qui ridiculise les élans héroïques et les excès de vertu en caricaturant les valeurs culturelles des temps anciens appréhende personnages et situations au prisme de la sensibilité contemporaine. On casse la démesure et la grandeur tragique pour démythifier les grandes individualités shakespeariennes.

Face à ces tentatives, qui toutes historicisent le rapport au texte – fût-ce par des procédés contradictoires – il existe des modes d'approche dont le dessein est au contraire de dégager une permanence en isolant les œuvres de l'Histoire. Tentatives d'abstraction ou d'universalisation qui situent les pièces dans un espace abstrait, un lieu hors du monde et hors du temps. Le cube blanc du *Songe d'une nuit d'été* (1970-1972) par Peter Brook, l'espace planétaire de son *Timon d'Athènes* aux Bouffes du Nord (1974)[1], le *Roi Lear* de Giorgio Strehler (1972) avec son théâtre-monde, son cirque cosmique cerné par

1. Voir G. Banu, « L'écriture spatiale et sa mise en scène », in D. Bablet et J. Jacquot (dir.), *Les Voies de la création théâtrale*, Paris, CNRS, 1977, vol. 5, p. 59-120.

une grosse toile de tente, participent de cette antihistoricité avouée, lisible aussi dans les costumes.

L'universalité, c'est par la permanence de structures psychiques récurrentes ou la mise en relief d'une unité formelle qu'on cherche parfois à l'atteindre. Ce qu'une telle formalisation met au premier plan, ce n'est plus le matériau ou la signification supposée de l'œuvre, c'est le rituel qui la fonde. On peut aussi, par la théâtralisation, rompre avec l'unité de l'œuvre : le texte n'est plus que le prétexte d'un jeu qui substitue à une vision unique une série de visions multiples, comme dans le premier *Hamlet* de Mesguich (1977).

Plus que tout autre facteur, c'est le choix de la pièce qui détermine, sinon le traitement, du moins l'éventail des modalités virtuelles de réalisation.

II. – Œuvres littéraires inspirées de Shakespeare

Les écrivains puisent toujours leur matière dans les œuvres de leurs prédécesseurs. Ainsi, la scène d'exposition d'*Hamlet*, où apparaît le spectre du roi assassiné, a sans doute, plus de trois siècles plus tard, inspiré l'une des premières scènes de *La Machine infernale* (1932) de Jean Cocteau – qui s'est en outre souvenu du mythe d'Œdipe –, mais aussi, plus récemment, le *Roberto Zucco* (1988) de Bernard-Marie Koltès. Ces deux scènes présentent des ressemblances avec leur texte source, mais elles s'en démarquent aussi, ce qui en fait de véritables réécritures.

La postérité shakespearienne se trouve dans des œuvres innombrables et parfois les plus inattendues du répertoire mondial, Orient et Occident confondus, romans, poèmes et pièces de théâtre inclus. Aussi trouve-t-on un riche intertexte shakespearien (et plus généralement anglo-saxon, de Dickens à Faulkner) dans l'œuvre apparemment légère et la bibliographie imaginaire de Françoise Sagan. Le parallèle avec *Hamlet* est explicite dans *Un château en Suède*, où la première femme de Hugo a été rebaptisée Ophélie. Et c'est dans la tragédie d'*Othello* que Françoise Sagan va chercher les métaphores amoureuses d'*Un lit défait* : Béatrice accuse Édouard d'insensibilité et se dit que « ce jeune homme désarmé cache un Othello » tandis que le traître Nicolas s'estime être un « gentil Iago »[1].

Musset, dans *Lorenzaccio*, ou Rostand, dans *Cyrano de Bergerac*, réécrivent à l'évidence, l'un, *Hamlet* (thèmes du mal et de la folie), l'autre *Roméo et Juliette* (scène du balcon et mariage clandestin). Le domaine allemand (notamment Lenz, Goethe, Schiller, Büchner, Brecht, Heiner Müller...) ou le domaine russe (notamment Tchekhov, dont *La Mouette* retisse la trame d'*Hamlet*) offriraient des exemples encore plus explicites de réécriture shakespearienne délibérée. On se cantonnera aux domaines anglais et français et à quelques grandes pièces (*Le Marchand de Venise, Hamlet*, *Le Roi Lear*, *Macbeth*, *La Tempête*).

Toute la littérature britannique est fondée sur deux œuvres matricielles : la Bible et Shakespeare. C'est aussi le cas en partie de la littérature américaine, jusque dans des œuvres périphériques, tel le best-seller de Jane Smiley, *A Thousand Acres* (1992). Ce roman est le récit de la désintégration progressive d'une famille dans une communauté agricole de l'Iowa au cours des années 1980. Le récit de l'orage, le père basculant dans la sénilité et la cécité du personnage de Harold sont

1. C. Hromadova étudie ce « foisonnement intertextuel » in « Shakespeare comme ailleurs intertextuel : les épigraphes anglaises de Françoise Sagan », *Les Cahiers de la Licorne. Shakespeare en devenir*, n° 4, 2010.

autant de références shakespeariennes immédiatement identifiables[1].

La reprise d'un hypotexte – avec les phases successives de l'intrigue et les personnages archétypaux – n'est qu'une des modalités de relecture contemporaine d'un texte matriciel classique. D'autres rapports sont envisageables : actualisation, adaptation, contestation, dépassement, recontextualisation, remise en question structurelle. L'enjeu de la modernité dans la réécriture peut être très divers et demande à être redéfini en fonction de chaque cas de figure. Estelle Rivier compare et oppose trois réécritures de classiques shakespeariens effectuées lors du renouveau théâtral britannique des années 1970 et 1980 : *The Merchant* d'Arnold Wesker (1977), *Lear* de Bond (1972) et *Rosencrantz and Guildenstern Are Dead* de Tom Stoppard (1967)[2].

The Merchant de Wesker, réécrit totalement en prose, vise avant tout à réhabiliter la figure du juif. Les préjugés contre les juifs étant toujours vivaces au sein des sociétés contemporaines, Wesker veut rompre avec les clichés. Shylock devient un personnage sympathique et un ami d'Antonio. Jessica, sa fille, lui échappe pour se libérer d'un amour trop envahissant, non pour fuir sa tyrannie.

Tout autre est l'attitude d'Edward Bond par rapport à son modèle, *King Lear*, dont *Lear* constitue une mise en cause politiquement orientée. Bond, pour qui la violence s'accroît au fil des générations, condamne la morale du *Roi Lear*, d'où tout espoir de rédemption n'est pas écarté, et il promeut une réécriture politique violente. Il s'ins-

1. C. Mari, « La transmutation du tragique de *King Lear* dans *A Thousand Acres* de Jane Smiley : échos et écarts signifiants », *Les Cahiers de la Licorne. Shakespeare en devenir*, n° 1, 2007 ; publié en ligne le 27 janvier 2010.
2. E. Rivier, « Réécriture des pièces de Shakespeare : l'enjeu de la modernité ? », *Revue LISA / LISA e-journal*, Presses universitaires de Rennes, vol. 6, n° 3, 2008.

pire de la technique brechtienne et condamne le totalitarisme en présentant l'utopie révolutionnaire comme infondée. Nous sommes plongés dans un climat de terreur, les scènes violentes se multiplient : Warrington (équivalent du personnage de Gloucester dans l'hypotexte) est torturé, Cordelia violée, le fils du fossoyeur (personnage inventé) jeté dans un puits, Lear aveuglé, Regan poignardée. Guerre, torture, mort : tels sont les maîtres-mots qui parcourent son *Lear*. La thématique de l'enfermement est centrale. En substituant au partage décidé par le roi Lear la construction d'un mur censé préserver son peuple de l'invasion étrangère, Bond voudrait témoigner du durcissement de l'individualisme[1].

Aux antipodes de *Lear* et de son actualisation, la pièce sardonique de Tom Stoppard, écrite dans le sillage de *En attendant Godot*, exhibe et questionne les codes et les conventions de l'écriture dramatique. L'intrigue d'*Hamlet* est mise en abyme et n'est plus un modèle narratif, mais une base de réflexion et un objet critique. Elle est revisitée : deux acolytes, personnages secondaires à l'origine, sont promis à un destin fatal. C'est une réplique de Fortinbras dans l'hypotexte qui annonce la fin tragique des deux comparses et qui sert de titre à la pièce. Rosencrantz et Guidenstern assistent médusés et hagards au déploiement inexorable d'une intrigue qui les englobe, les condamne à mort mais à laquelle ils ne comprennent rien.

En écrivant *Macbett* (1972) d'après *Macbeth*, Ionesco transforme la sombre tragédie de Shakespeare en farce grotesque. C'est une réécriture parodique, mais il s'agit,

1. C'est en tout cas ce que suggèrent J.-M. Peiffer et I. Smadja in « Du *Roi Lear* de Shakespeare aux *Lear(s)* de Bond (1971) et de Garcia (2001) : écrire, construire, détruire », *Les Cahiers de la Licorne. Shakespeare en devenir*, n° 1, 2007.

comme le montre Gérard Genette[1], d'une parodie sérieuse, qui ne se moque pas de la pièce originale, mais en radicalise le pessimisme en écartant la possibilité d'une restauration providentielle de l'ordre[2]. L'invention comique de Ionesco est jouissive et irrévérencieuse : les sorcières font du strip-tease et s'envolent sur un balai à moteur ; les spectres représentant la dynastie fondée par Banco prennent le visage des Pieds Nickelés, Macol est présenté comme « l'enfant de Banco et d'une gazelle qu'une sorcière avait métamorphosée en femme[3] », et ce Macol tue Macbett d'un coup d'épée dans le dos, ôtant toute dimension héroïque à la mort du personnage éponyme.

On ne quitte pas le domaine de la réinterprétation politique des classiques en s'intéressant aux « relectures/réécritures caribéennes de *La Tempête* de Shakespeare »[4]. Harold Bloom, qui fait de *La Tempête* le drame de Prospero, « pas celui d'Ariel (comme le croyaient les romantiques), ni celui de Caliban (comme le croient les postcolonialistes)[5] » dénonce comme une erreur de lecture et un détournement politique de l'œuvre canonique l'appropriation et le retournement revendicatif de la figure monstrueuse du colonisé, envisageant lui-

1. G. Genette, « *Macbett* est un *Macbeth* (encore plus) excessif, un *Macbeth* hyperbolique, un hyper-*Macbeth* », *Palimpsestes*, Paris, Seuil, 1982, p. 504.
2. V. Lochert, « Macbeth/Macbett : répétition tragique et répétition comique de Shakespeare à Ionesco », *Études littéraires*, vol. 38, n° 2-3, 2007, p. 59-70.
3. E. Ionesco, *Macbett*, Paris, Gallimard, « Folio théâtre », 1972, p. 142.
4. C. Chapon, « Caliban cannibale : relectures/réécritures caribéennes de *La Tempête* de Shakespeare », *Comparatismes en Sorbonne*, Centre de recherche en littérature comparée (EA-4510), revue en ligne, 2013.
5. Voir la préface à son édition à *The Tempest*, éd. H. Bloom et N. Heims, New York, Bloom's Literary Criticism, « Bloom's Shakespeare Through the Ages », 2008, p. xi.

même la relation entre Prospero et Caliban sous un angle familial plutôt que colonial[1]. Mais l'interprétation postcoloniale de la pièce de Shakespeare ne procède pas d'un aveuglement idéologique : la réflexion sur le pouvoir, sur l'Autre et sur l'appropriation d'un territoire inconnu par le mage Prospero est bien présente dans *La Tempête*, même si ce n'est que l'une de ses facettes. Chez Ernest Renan, Caliban prend les traits du peuple comme classe[2]. Octave Mannoni, quant à lui[3], procède à des analyses psychologiques du colonisé et du colonisateur… que récuse Frantz Fanon[4], ouvrant la voie au radicalisme d'Aimé Césaire dans *Une tempête*[5], où Caliban répond directement à Prospero sur la prétendue vocation dominatrice du colonisateur[6].

Ainsi, le Caliban de Shakespeare a été confronté de plein fouet au cauchemar de l'Histoire : tantôt indigène, tantôt esclave marron, symbole du peuple ou du métis, il est devenu une voix métaphorique des masses et des franges opprimées.

Parmi les auteurs britanniques influencés par Shakespeare, un auteur contemporain dispose d'un statut particulier : le dramaturge Howard Barker, souvent présenté comme le « Shakespeare de notre époque »

1. H. Bloom, *Shakespeare, The Invention of the Human*, Londres, Fourth Estate, 1998, p. 679.
2. E. Renan, *Caliban. Drame philosophique*, in *Œuvres complètes III*, Paris, Calmann-Lévy, 1878.
3. O. Mannoni, *Psychologie de la colonisation*, Paris, Seuil, 1950 ; notamment chap. II, « Crusoé et Prospero », p. 95-107.
4. F. Fanon, *Peau noire, masques blancs*, Paris, Seuil, 1952 ; rééd. « Points » ; chap. IV : « Du prétendu complexe de dépendance du colonisé », p. 75.
5. A. Césaire, *Une tempête. (D'après « La Tempête » de Shakespeare, adaptation pour un théâtre nègre)*, Paris, Seuil, « Points », 1969, p. 88-89.
6. C. Chapon, « Caliban cannibale : relectures/réécritures caribéennes de *La Tempête* de Shakespeare », art. cité, p. 9.

tant il est influencé par le maître du théâtre élisabéthain, mais de façon sans cesse changeante selon l'évolution de sa propre dramaturgie. *Henry V en deux parties*, une pochade sur *Henry V* composée en 1971, est caractéristique du ton satirique et de l'approche politique de ses premières œuvres. *Les Sept Lear* (1989) est moins une réécriture qu'une « enquête chronologique, généalogique, archéologique[1] » représentative de l'esthétique de la catastrophe que Barker commence à théoriser au milieu des années 1980. Enfin, *Gertrude, le cri* (2002)[2], dont Barker affirme qu'elle est son œuvre la plus aboutie[3], est une reprise d'*Hamlet* mais où les personnages principaux sont métamorphosés et où sont introduits des personnages nouveaux. Cette diversité, en même temps qu'elle témoigne de l'intérêt constant de Barker pour Shakespeare, signale d'emblée que l'on ne saura trouver aucun systématisme dans la façon dont il s'empare de son œuvre.

Cette conclusion partielle pourrait être élargie à toutes les réécritures anciennes ou récentes : chacune ne vaut que par sa singularité et sa fonction spécifique, critique ou admirative, destructrice ou constructrice, d'une narrativité neuve quoique seconde. Force est de constater que par-delà la shakespearophilie très évidente des romantiques[4] et même d'un Voltaire

---

1. É. Angel-Perez, « *Les Sept Lears* de Barker : pour une généalogie de la catastrophe », *Les Cahiers de la Licorne. Shakespeare en devenir*, n° 1, 2007.
2. Voir H. Barker, *Œuvres choisies IV*, trad. É. Angel-Perez et J.-M. Déprats, Paris, Éditions théâtrales, 2002.
3. E. Houth [H. Barker], *A Style and Its Origins*, Londres, Oberon Books, 2007, p. 19.
4. Dans *Shakespeare, modèle du théâtre romantique français ?*, Catherine Naugrette donne un large éventail d'adaptations françaises suscitées par Shakespeare ; voir *William Shakespeare*, Paris, Les Nouveaux Cahiers de la Comédie-Française, 2014, p. 33-38.

réécrivant *Jules César* dans *La Mort de César* et dans *Brutus*, la référence structurante à Shakespeare est d'une ampleur inégalée à des époques variées et chez les auteurs les plus différents : Balzac dans *Le Père Goriot* (1835), réécriture du *Roi Lear*, mais aussi dans *La Cousine Bette* (1846), dont le personnage est inspiré du Iago d'*Othello*, et dans *Splendeur et misères des courtisanes* (1838-1847), qui fait écho à *Roméo et Juliette* ; Ann Radcliffe dans le roman gothique *Les Mystères d'Udolphe* (publié en Angleterre en 1794 et en France en 1797) ; ou plus inattendue encore J.K. Rowling dans la série des *Harry Potter* (1997-2007) consciemment et explicitement inspirés par *Macbeth*[1].

III. – Shakespeare en musique

La musique, vocale ou instrumentale, associée à des métaphores significatives, est omniprésente dans Shakespeare, aussi bien sur la scène que dans le texte. Des joueurs de hautbois, de flûte ou de tambour faisaient partie du personnel des compagnies théâtrales. Cette musique instrumentale était très présente à l'époque élisabéthaine, et plus encore sur la scène jacobéenne quand naquit et s'imposa le « masque », précurseur de l'opéra-ballet.

Il existe des musiques pour les divers moments de la vie, pour la paix et pour la guerre, pour l'amour et pour la mort. Entre Shakespeare et la musique s'est nouée une histoire d'amour : le dramaturge a travaillé avec plusieurs musiciens et compositeurs tels que William Byrd ou Thomas Morley. *Comme il vous plaira*, *La Nuit*

1. Voir M. Anelli et E. Spartz, « The Leaky Cauldron and Mugglenet interview Joanne Kathleen Rowling : Part Three », *The Leaky Cauldron*, 16 juillet 2005.

des Rois et *La Tempête* sont les pièces les plus « musicales » du corpus. Au temps d'Élisabeth Ire, la musique était philosophiquement conçue comme harmonie, réconciliation, concorde. Elle s'opposait au symbole de la tragédie qu'est l'image de la tempête[1]. La croyance remontant à Platon en une « musique des sphères » était encore communément partagée, comme en témoigne une tirade célèbre du *Marchand de Venise* (V, I, 60-65), où il est également question du pouvoir surnaturel de la lyre d'Orphée. Quand le héros éponyme de *Périclès* retrouve sa fille Marina, qu'il croyait morte, il entend cette musique des sphères le temps d'une transe, alors que les personnages autour de lui ne l'entendent pas.

Dans Shakespeare, la musique a une valeur humaine essentielle : « L'homme qui n'a pas de musique en lui/ Et que ne touche pas un concert de doux sons,/ Est propre aux trahisons, aux stratagèmes et au pillage,/ Les mouvements de son esprit sont ténébreux comme la nuit/ Et ses désirs sombres comme l'Érèbe[2]. »

De Haendel à nos jours, une multitude d'œuvres musicales se sont fondées sur des textes de Shakespeare. Au XVIIe et au XVIIIe siècle dominèrent les opéras tirés des comédies. L'un des premiers et des plus prestigieux fut une adaptation par Purcell du *Songe d'une nuit d'été*, intitulé *La Reine des fées* (1592)[3]. Quelques années plus tard, Purcell composa également une *Tempête* (1595) et des musiques d'accompagnement pour *Timon d'Athènes.* De nombreuses comédies ont été adaptées pour l'opéra : *Comme il vous plaira* sous

---

1. Voir G.W. Knight, *The Shakespearean Tempest*, Londres, Methuen & Co., 1932.
2. Shakespeare, *Le Marchand de Venise*, V, I, 83-87, in *Œuvres complètes V. Comédies I*, éd. citée, 2013, p. 1213.
3. Voir M. Grivelet, M.-M. Martinet, D. Goy-Blanquet, *Shakespeare de A à Z ou presque*, Paris, Aubier, 1988, p. 34.

le titre *Rosalind* par Veracini en 1744 ; *La Comédie des erreurs* sous le nom *Gli Equivoci* par Storace en 1786 ; *Le Marchand de Venise* par Just en 1787 ; *Cymbeline* sous le titre *Imogen* par Kreutzer en 1796.

Au XIXe siècle, les grands noms qu'il faut citer sont ceux de Rossini, Verdi, Bellini, Gounod. Ce sont alors les tragédies qui dominent. En 1816, Rossini crée un *Otello ossia il Moro di Venezia*, où il insère avant la romance du saule un chant de gondolier inspiré de Dante.

Verdi, admirateur inconditionnel du dramaturge anglais, a composé trois opéras inspirés du théâtre de Shakespeare : *Macbeth* (1847, version révisée en 1865), *Otello* (1887) et *Falstaff* (1893). Dans *Macbeth*, pour les voix, Verdi situe Macbeth (baryton) entre Banquo (basse) et Macduff (ténor). La musique met en valeur les profondeurs de la conscience criminelle et évoque le mal à la fois dans le monde intérieur et dans le monde extérieur. Francesco Maria Piave et Andrea Maffei ont écrit le livret de cet opéra créé au Teatro delle Pergola à Florence le 14 mars 1847. Centré autour du couple maléfique que forment Macbeth et son épouse, pour laquelle Verdi a écrit une partition vocale d'une intensité remarquable, l'ouvrage frappe par sa violence, son étrangeté et ses contrastes. Le traitement des chœurs est passionnant, du bal des sorcières jusqu'au triomphe des forces du bien, en passant par la déploration d'un peuple misérable et opprimé.

Dans *Otello*, le rôle éponyme est chanté par un ténor, Iago par un baryton, Desdemona par une soprano et Emilia par une mezzo-soprano. Cet opéra en quatre actes est considéré comme l'un des chefs-d'œuvre du compositeur italien, tant par la qualité de sa musique que par celle de son livret. Le librettiste Arrigo Boito, lui-même compositeur de l'opéra *Mefistofele* d'après le *Faust* de Goethe, a réussi à merveille l'adaptation de la pièce de Shakespeare, au grand plaisir de Verdi, allant jusqu'à suggérer certains chœurs dont, initialement, le compositeur ne voulait pas. Le *Requiem* mis à part, Verdi sortait d'une période d'infécondité de treize ans et doutait certainement de lui. Il accueillit le livret avec circonspection, mais l'enthousiasme vint peu à peu. Il travailla avec plus d'acharnement que pour ses précédents opéras, peut-être avec l'appréhension de n'être plus tout à fait « dans le coup » comparé aux autres compositeurs plus jeunes que lui. Verdi avait soixante-quatorze ans lors de la première (1887), alors que Boito en avait quarante-trois.

Dans *Falstaff*, l'ultime ouvrage lyrique de Verdi, plusieurs pièces ont été mises à contribution par Arrigo Boito, mais surtout *Les Joyeuses Épouses de Windsor*. Cet opéra-bouffe d'une verve et d'une ironie irrésistibles nécessite des interprètes virtuoses. Verdi, presque octogénaire, célèbre la toute-puissance des femmes, qui se sont allègrement jouées du chevalier vantard, obèse, mais jaloux de son honneur. Dans une fugue finale éblouissante, la musique rejoint, dans la jubilation, l'esprit shakespearien, en proclamant que « le monde est une farce ».

Le personnage de Falstaff a la particularité d'avoir traversé tous les siècles ; il est celui qui a le plus inspiré les compositeurs tandis que *Les Joyeuses Épouses de Windsor* – pièce de commande répondant peut-être à une demande de la reine Élisabeth qui désirait revoir Falstaff « amoureux » – a toujours été peu estimée par la critique littéraire. En 1893, le *Falstaff* de Verdi est certes le plus célèbre de tous ces *Falstaff* lyriques, mais nombreux sont les compositeurs plus ou moins connus qui, sous des titres divers, ont illustré le personnage, depuis Papavoine (*Le Vieux Coquet*, 1761), Philidor (*Herne le Chasseur*, 1773), Salieri (*Falstaff*, 1798), Otto Nicolai (*Les Joyeuses Commères de Windsor*, 1849) jusqu'à Holst (*À la taverne de la hure de sanglier*, 1924) ou encore Vaughan Williams (*Sir John amoureux*, 1929)[1].

Hector Berlioz compose une ouverture pour *Le Roi Lear* (1839) puis un *Roméo et Juliette,* symphonie dramatique, et l'opéra *Béatrice et Benedict* d'après *Beaucoup de bruit pour rien*. À Wagner on doit *La Défense d'aimer*, d'après *Mesure pour mesure*. Liszt écrit en 1858 une ouverture pour *Hamlet* ; Saint-Saëns l'opéra *Henry VIII* ; Ambroise Thomas compose lui aussi un *Hamlet* pour l'opéra en 1868.

Les comédies dominent de nouveau au XXe siècle : longtemps après une *Viola* inachevée inspirée de *La Nuit des Rois* due à Smetana (1872-1884), Benjamin Britten écrit en 1960 un *Songe* lyrique mémorable. Suivant fidèlement le dramaturge élisabéthain, ce *Songe d'une nuit d'été* ramené à trois actes chantés marque un tournant dans la production lyrique du compositeur. Le surnaturel n'y est plus seulement synonyme d'étrangeté ou d'angoisse – comme dans *Le Tour d'écrou*, son précédent opéra inspiré de la nouvelle de James –, mais d'abord de féerie. Le comique, genre si difficile à illustrer en musique, s'épanouit dans les scènes parodiques avec les artisans. La scène finale est un irrésistible pastiche d'*opera seria* – procédé de « théâtre dans le théâtre » propre à l'univers élisabéthain, et porté par un Britten à son comble de virtuosité et d'humour. L'œuvre invite aux dérives somnambuliques les plus exotiques, symbolisant les territoires enfouis de la conscience. Comme dans *Cosi fan tutte* de Mozart, deux couples d'amoureux, contrariés dans leurs désirs, y traversent des déchirements initiatiques.

Parmi les créations musicales ou chorégraphiques, citons le ballet de Sergueï Prokofiev, *Roméo et Juliette*

1. Voir *ibid.*, p. 344.

(1935), *Le Roi Lear*, musique de scène de Dmitri Chostakovitch (1941), *Such Sweet Thunder*, suite musicale de Duke Ellington (1957), le *Roméo et Juliette* de Béjart (1967) sur une musique de Berlioz, un *Lear* d'Aribert Reimann (1978), un opéra de Pascal Dusapin, *Roméo et Juliette* (1988), l'opéra du compositeur belge Philippe Boësmans, *Le Conte d'hiver*, composé sur un texte allemand en 1999, et – tout à fait à part – une comédie musicale de Gérard Presgurvic (2001) : *Roméo et Juliette, de la haine à l'amour*.

IV. – Shakespeare et les arts plastiques

Les textes de Shakespeare s'adressent à l'œil autant qu'à l'oreille. Y a-t-il traducteur plus précis et plus évocateur du lent enfoncement dans les eaux dormantes d'une Ophélie au corps statique constellé de fleurs que le peintre préraphaélite John Everett Millais, qui peint l'inoubliable *Mort d'Ophélie* (Tate Gallery, Londres, 1852) ? Les tonalités multicolores des fleurs et les coloris verts des mousses flottant dans l'eau répondent au lyrisme dépourvu de violence et de dramatisme des mots anglais et des rythmes alanguis et funèbres. Le tableau inspirera la « blanche Ophélia » du Rimbaud des *Illuminations*. Difficile de dire lequel, du texte ou de l'image, est l'art le plus évocateur. Il y a là comme un effet saisissant de synesthésie quand on relit ce petit récit maniériste présenté par Gertrude :

Là, aux rameaux inclinés se haussant pour suspendre
Sa couronne de fleurs, une branche envieuse cassa,
Et ses trophées herbeux comme elle
Sont tombés dans le ruisseau en pleurs. Ses vêtements s'ouvrirent,
Et telle une sirène, un temps, ils l'ont portée ;

Cependant qu'elle chantait des bribes de vieux airs,
Insensible à sa propre détresse,
Ou pareille à une créature née dans cet élément
Et faite pour y vivre[1].

De William Hogarth à Picasso et Dalí, la rencontre entre le théâtre de Shakespeare et les peintres n'est pas le fruit du hasard. Elle résulte d'un lien profond, essentiel, entre la dramaturgie shakespearienne et l'imaginaire visuel. Nombreuses sont, dans Shakespeare, les scènes dramatiques ou les scènes de surnaturel, de fantastique ou de merveilleux qui appellent la transcription graphique ou sollicitent l'imagination. On pourrait parler de la picturalité, de la dimension graphique et visionnaire de la dramaturgie shakespearienne, qui expliquerait en partie l'engouement des peintres, graveurs, sculpteurs, illustrateurs.

1. **Les tableaux inspirés de scènes shakespeariennes.** Ce sont soit des souvenirs de représentations et d'acteurs, soit des scènes d'imagination. Le premier tableau inspiré d'une scène shakespearienne est *le Falstaff examinant ses recrues* (1729) de William Hogarth (d'après la deuxième partie de *Henry IV*), lequel peint également une œuvre inspirée par *La Reine des fées*, opéra de Purcell d'après *Le Songe d'une nuit d'été* (1735, collection lord St Oswald). Il existe trois portraits de l'actrice Mrs Robinson interprétant le rôle de Perdita dans *Le Conte d'hiver*, l'un par Gainsborough, l'autre par Reynolds, le troisième par Romney. Tous trois sont exposés à la collection Wallace, à Londres. *Le Songe d'une nuit d'été* inspira de nombreux peintres, dont

1. Shakespeare, *Hamlet*, IV, VII, 170-177, in *Œuvres complètes I. Tragédies I*, éd. citée, p. 927-929.

Romney, qui représente lady Hamilton[1] dans le rôle de Titania, Reynolds pour sa part peignant un *Puck* (1789) qui représente un petit enfant assis avec un air espiègle au milieu de plantes plus grosses que lui. Dans le domaine tragique, les scènes d'apparitions eurent la faveur de nombreux artistes, Hogarth peignant un *Garrick dans le rôle de Richard III* (1746). Les apparitions de Macbeth inspirèrent entre autres Zucarelli, Towne, Martin, Zoffany (qui lui aussi peignit une scène entre Garrick et Mrs Pritchard tenant les rôles de Macbeth et Lady Macbeth). William Blake fit des illustrations pour *Macbeth* : *La Triple Hécate* (1793, Tate Gallery) et *La Pitié symbolisée par un nouveau-né chevauchant la tempête* (1795, Tate Gallery), l'un des passages les plus visionnaires de toute l'œuvre de Shakespeare (*Macbeth*, I, vii, 21-22). Peu à peu, les tableaux adaptés de Shakespeare, sans toutefois retranscrire le déchaînement des passions, se réfèrent de façon de plus en plus précise aux textes qui les inspirent, même s'ils obéissent encore à une iconographie « à l'antique ». Joseph Wright of Derby (1734-1797) accentue en revanche l'atmosphère dramatique des scènes. Dans *La Mort de Roméo et Juliette*, magnifique huile sur toile de 1790 exposée au Derby Museum and Art Gallery, « le désespoir de l'héroïne s'exprime à grand renfort de gestes et de clair-obscur : les trois quarts de la toile sont enveloppés dans la pénombre de la crypte des Capulet. Seule une lumière provenant de la gauche éclaire les figures des deux amants[2] ». Parmi les œuvres luministes inspirées par des sujets littéraires du même

1. Surtout connue pour avoir été la maîtresse de l'amiral Nelson.
2. D. Gervais de Lafond, « Sous l'emprise de Shakespeare », *Connaissance des arts*, hors-série « De la scène au tableau », n° 427, octobre 2009, p. 13.

Wright of Derby, on compte également un *Prospero dans sa cellule* (vers 1789). Le peintre écossais John Runciman (1744-1768) s'empare quant à lui de l'univers fantasmagorique de Macbeth dans son dessin des *Trois Sorcières*.

De tous les artistes du XVIIIe siècle, les plus marqués par l'imaginaire du dramaturge demeurent le peintre d'origine suisse Johann Heinrich Füssli (1741-1825) et le Britannique William Blake (1757-1827). Lecteur passionné de Shakespeare depuis sa prime enfance, Füssli multiplie dessins, aquarelles et tableaux oniriques. En 1781, il expose à la Royal Academy *Le Rêve de la reine Catherine* (il s'agit de la Catherine d'Aragon du *Henry VIII*, première épouse d'un monarque qui, dans le domaine matrimonial était un… multirécidiviste, et à qui l'Église anglicane doit sa rupture d'avec Rome). La nuit qui précède sa mort, Catherine d'Aragon est visitée en songe par des créatures tout de blanc vêtues qui lui rendent hommage. Dans sa toile *Les Trois Sorcières*, qui date de 1783, l'artiste délaisse la traditionnelle scène de rencontre entre Macbeth et Banquo sur la lande pour concentrer le regard sur le profil des sorcières désignant d'un même geste les rois à venir issus de Banquo, trois profils parallèles, trois doigts pointés, enveloppées dans leur manteau ; même présentation pour *Les Sorcières apparaissant à Macbeth et Banquo*, où les sorcières ont des visages presque comme des crânes. L'un des tableaux shakespeariens les plus célèbres de Füssli est *Lady Macbeth* (Louvre, 1825), où le personnage éponyme tient un flambeau et sort de sous une arche. Il fit aussi deux lavis sur les apparitions de l'acte IV : *La Tête casquée*, où Macbeth apparaît en blanc, et *La Postérité de Banquo* (Zurich, Kunsthaus).

Quelques années plus tard, William Blake offre une dimension plus onirique et visionnaire aux sujets shakespeariens. Sa saisissante aquarelle *Richard III et les spectres*, qui date de 1806, est tout à fait représentative de sa manière. On y voit Richard à la veille de la bataille de Bosworth (1485) assailli par les fantômes des nombreuses victimes de ses intrigues criminelles. À sa gauche, le fantôme de Henry VI conduit un premier groupe de spectres ; à sa droite Lady Anne, son épouse défunte, en conduit un autre. Les fantômes des deux princes assassinés apparaissent entre ses jambes. L'immatérialité et la transparence des apparitions s'opposent à la matérialité gris sombre de l'armure du souverain qui semble être comme une seconde peau. La lueur bleue des bougies souligne la nature chimérique des spectres.

2. **L'hommage des romantiques français.** – En France, il faut attendre le début du XIXe siècle pour que Shakespeare soit enfin accepté, mais le courant romantique fait de lui un véritable dieu et le symbole de la liberté en art. À une époque où cette dramaturgie shakespearienne, même célébrée, ne se manifeste qu'à travers des adaptations lointaines ou des opéras encore plus infidèles, « ce sont les grands peintres qui respectent le mieux l'intégrité du répertoire[1] ». Tout au long du siècle, Théodore Chassériau, Alexandre Cabanel, Gustave Doré, Odilon Redon s'y intéressent passionnément, mais c'est Eugène Delacroix qui reste le plus grand représentant de la peinture shakespearienne française. Il se penche très jeune sur l'œuvre du dramaturge élisabéthain. Il s'essaie même à le traduire. Des représentations théâtrales en 1820 à Londres, puis en 1827 à Paris sont le véritable déclencheur de son ins-

1. F. Israël, « Iconographie shakespearienne, domaine français », in H. Suhamy (dir.), *Dictionnaire Shakespeare*, Paris, Ellipses, 2005, p. 188.

piration. Des sujets inspirés de Shakespeare émaillent sa production de 1830 à 1850 : *Hamlet et Horatio au cimetière*, *Les Adieux de Roméo et Juliette*, *Lady Macbeth somnambule*, *Othello et Desdémone* et *La Mort d'Ophélie*. Pour les lithographies d'Hamlet[1], Delacroix, sans chercher à donner une illustration claire et cohérente du drame, sélectionne les moments les plus chargés pour lui d'intensité émotionnelle. Il évoque en seize tableaux les principales séquences du récit. La figure du prince ne cesse d'évoluer à travers un nombre impressionnant de toiles, de dessins et de croquis. « Le peintre se montre sensible à la dimension métaphysique du drame perçu comme une ample réflexion sur la destinée humaine[2]. » Dès 1825, il puise aussi dans *Macbeth* le goût du fantastique, usant de la manière noire pour évoquer l'entrevue du personnage éponyme avec les sœurs du Destin. Une autre œuvre picturale de première grandeur est celle de Chassériau, qui exécute quinze eaux-fortes d'une pudeur extrême dans sa suite gravée d'*Othello*, traitée comme une tragédie d'amour plus que comme un drame de la jalousie. Desdémone ressemble à une statue antique par son visage d'un ovale parfait et ses poses hiératiques. L'artiste transpose le tragique shakespearien sans le dénaturer. Tandis que la vision de Delacroix, dominée par le mouvement, nous plonge dans une agitation fébrile, celle de Chassériau a la douceur infinie du rêve[3]. À ses débuts, Gustave Moreau devait aussi consacrer au drame d'Hamlet plusieurs toiles où le rythme et la couleur l'emportent sur le dessin. Un tableau et une eau-forte exécutés vers

---

1. Voir A. Sérullaz et Y. Bonnefoy, *Delacroix et Hamlet*, Paris, RMN, 1993.
2. F. Israël, « Iconographie shakespearienne, domaine français », art. cité, p. 189.
3. *Ibid.*, p. 189.

1850 illustrent la scène finale dans une composition pyramidale d'une grande intensité dramatique.

3. **Les lendemains du romantisme.** – Après 1850, la vogue des sujets littéraires s'estompe un peu, mais la peinture shakespearienne reste présente dans les salons sous une forme le plus souvent académique. Gustave Doré se laisse séduire par *Macbeth* et notamment par l'intrusion des forces surnaturelles. Ce sont le décor et le climat qui retiennent son attention. Même parmi les modernes, le répertoire trouve des adeptes. Camille Corot évoque la rencontre de Macbeth et des sorcières dans un paysage d'Île-de-France mélancolique et serein. En 1865, Manet représente l'acteur Rouvière dans le rôle d'Hamlet, puis en 1877 le baryton Faure dans l'opéra inspiré de la même pièce que compose Ambroise Thomas.

4. **Transpositions modernes et contemporaines.** Plus féconde est l'esthétique symboliste, qui rétablit dès la fin du XIXe siècle les droits de l'imagination, évoluant vers un art de la suggestion dont le terme ultime est l'abstraction. Shakespeare devient le poète de l'ineffable. À ses débuts, Odilon Redon évoque Lady Macbeth dans une œuvre très sombre. Mais dès 1895, il compose au contraire des thèmes floraux et des bouquets parmi lesquels se glisse l'image d'une jeune fille. Plusieurs de ces compositions ont pour titre *Ophélie*. À la peinture shakespearienne de son siècle qui offre la traduction graphique d'une scène ou d'un événement, Redon oppose des variations dégagées de toute intention narrative ou anecdotique et où l'image lyrique de la femme se mêle à l'image des fleurs.

Libérée de la représentation photographique ou théâtrale, la gravure acquiert une grande autonomie par rapport au texte et fait une large place au surréel, même quand elle reste figurative. Inspirées par Rembrandt et Piranèse, les eaux-fortes que Jean Bruller, *alias* Vercors, exécute sur le thème d'*Hamlet* en 1965 sont imprégnées d'un romantisme sombre, amer, épuré de toute complaisance. En 1965 également, Léonor Fini compose seize lithographies de *La Tempête*. L'artiste reste néanmoins très proche du récit shakespearien dont elle restitue le climat onirique plus que la trame narrative. Il existe un certain nombre de compositions indépendantes, où l'intention narrative est encore moins appuyée, par exemple la suite en huit tableaux commémorant le *Roméo et Juliette* mis en scène en 1924 par Jean Cocteau et où décor, costumes et personnages ont la même légèreté. À cette légèreté Cocteau oppose en 1928 une vision surréaliste du même Roméo.

Picasso a rendu hommage à Shakespeare en participant pour le quadricentenaire de sa naissance en 1964 à un ouvrage en collaboration avec Aragon (Picasso-Aragon, *Shakespeare*) pour lequel il réalisa des lithographies (portrait de Shakespeare, scène d'Hamlet au cimetière tenant le crâne de Yorick…). Le peintre exécute douze portraits du dramaturge, où seule la fraise rappelle l'époque élisabéthaine. Près de lui figure à huit reprises un grand gaillard dégingandé observé par deux fossoyeurs et tenant dans la main un petit crâne.

De manière très lyrique, Marc Chagall fut aussi inspiré par Shakespeare. L'œuvre la plus connue est le détail consacré au *Roméo et Juliette* de Berlioz réalisé pour la fresque du plafond de l'Opéra de Paris en 1964. L'art de Chagall reste empreint d'une philosophie et d'une force poétique très personnelles. L'observation de la réalité quotidienne au prisme des influences fauves et cubistes conjuguées se traduit par une « explosion lyrique totale », selon l'expression d'André Breton.

Chagall évolue de sa réalité intérieure vers un univers où sont rassemblés des personnages échappant à toute vraisemblance, comme dans *Songe d'une nuit d'été*. Peint pendant la période parisienne de l'artiste, ce tableau situe la comédie de Shakespeare dans une forêt de rêve habitée de sylphes et d'amoureux, où la reine des fées Titania, ensorcelée, s'éprend d'un tisserand à tête d'âne, Bottom. La femme vêtue d'une robe de mariée blanche et d'un voile se retrouve presque à l'identique dans plusieurs tableaux de cette époque, parfois avec le même éventail bleu. Souvent sont également représentés des êtres ailés et des violonistes. Le recours au merveilleux réconcilie l'image de la réalité avec la fable. La naïveté de la composition, sans perspective, s'ajoute au contraste des touches colorées juxtaposées pour créer un espace pictural « magique ».

On retrouve souvent Salvador Dalí au croisement de différentes œuvres d'art pour lesquelles il apporta une contribution graphique. En 1946, il s'était déjà attaqué à *Macbeth*. En 1975, c'est l'amour impossible de *Roméo et Juliette* qui lui inspire quelques illustrations. Pour sa seconde projection dans l'imaginaire shakespearien, c'est en une série de dix lithographies magnifiques en éclats rouge, noir, bleu et jaune que le peintre surréaliste retrace l'histoire sanglante des Capulet affrontant les Montaigu.

Évoquons enfin, en guise de coda, l'œuvre graphique d'Enki Bilal, réalisateur-dessinateur-scénariste de bande dessinée. Elle souligne la permanence de l'inspiration shakespearienne à l'époque contemporaine. Bilal adapte *Roméo et Juliette* dans un nouveau livre paru chez Casterman en 2011 et intitulé *Julia et Roem*. Vérone a fait place à un désert de fin du monde où l'amour n'est plus qu'un vieux souvenir. L'œuvre matricielle est transposée – tons ocre et sable – dans le désert d'un monde en reconstruction, saga graphique d'un univers postapocalyptique.

V. – Shakespeare à l'écran

Plus d'un siècle s'est écoulé depuis le tout premier film muet inspiré de Shakespeare, d'une durée de 4 minutes environ : le *King John* réalisé en 1899 en Grande-Bretagne par sir Herbert Beerbohm Tree. Depuis plus d'un siècle, les adaptations des pièces de Shakespeare à l'écran se multiplient et on dénombre à ce jour plus de huit cents adaptations cinématographiques ou télévisuelles tournées de par le monde. Le phénomène s'est même accéléré depuis le début des années 1990, tout particulièrement depuis Kenneth Branagh[1] qui, après un début de carrière éblouissant de comédien surdoué sur les planches londoniennes, joue avec la Royal Shakespeare Company à l'âge de vingt-trois ans, puis fonde sa propre compagnie, la Renaissance Theatre Company… Il est alors surnommé « le nouveau Laurence Olivier » et passe en 1989 derrière la caméra avec l'adaptation cinématographique de *Henry V*. Le film rencontre un grand succès critique et international, l'année même de la mort de Laurence Olivier. Gérard Depardieu, conquis, a pris part à la distribution et a doublé Kenneth Branagh dans la version française. Un renouveau s'est produit. En 1993, un *Beaucoup de*

1. Voir S. Hatchuel, P. Berthomieu, « "I could a tale unfold", I could a tale enlighten : Kenneth Branagh ou l'art de la clarté », in *Shakespeare et le cinéma*, Actes du congrès, Société française Shakespeare, 1998, p. 131-140. De Sarah Hatchuel, auteur de *Lost : Fiction vitale* (Paris, Puf, 2013), et de nombreux ouvrages sur les adaptations cinématographiques du théâtre de Shakespeare, souvent cosignés avec Nathalie Vienne-Guérin, on peut lire un article plus récent : « Branagh en première ligne », *Télérama*, hors-série, septembre 2014, p. 82-87.

bruit pour rien solaire dans des paysages enchanteurs de Toscane a été suivi, en 1996, d'un *Hamlet* intégral qu'il interprète lui-même en faux blond fougueux et résolu, amant non platonique d'une Ophélie poignante dans sa folie (Kate Winslet) et entouré d'une distribution internationale éblouissante. Il repasse devant la caméra pour une quatrième adaptation de l'œuvre de Shakespeare avec *Peines d'amour perdues* (2000) traitée sous la forme d'une comédie musicale. Ce regain d'intérêt pour Shakespeare s'est poursuivi au cours des années 2000 à 2010.

Toutes les pièces du corpus shakespearien sans exception ont été portées au moins une fois à l'écran, *Hamlet* étant de loin la pièce la plus fréquemment représentée avec quelque quatre-vingts adaptations. La première est française et date de 1900, Sarah Bernhardt tenant le rôle-titre. Elle s'intitule *Le Duel d'Hamlet* et elle est signée Clément Maurice. Elle fut suivie quelques années plus tard du *Miroir de Venise* de Georges Méliès (1905).

Le dramaturge préféré des Anglais triomphe donc au cinéma comme scénariste et dialoguiste de premier plan. Depuis les innombrables films muets et jusqu'à la toute dernière réalisation présentée au Festival de Cannes de 2015, le *Macbeth* du réalisateur australien Justin Kurzel, les fiançailles de Shakespeare et du septième art sont devenues une longue histoire d'amour. D'amour souvent heureux, il faut le dire, car il a donné naissance à des œuvres magistrales, chefs-d'œuvre issus de chefs-d'œuvre, tels l'*Othello* (1964) et le *Falstaff* (1965) d'Orson Welles, *Le Château de l'araignée* (1957, titre français de *The Throne of Blood*, d'après *Macbeth*) et *Ran* (1985, d'après *Le Roi Lear*) d'Akira Kurosawa, *Le Roi Lear* de Peter Brook et le *Karoli Lir* de Grigori Kozintzev, tournés tous deux en 1970. Il est sûrement paradoxal de citer *Le Château de l'araignée* de Kurosawa parmi les plus beaux films shakespeariens, car on n'y trouve plus rien du texte de *Macbeth*. La fidélité à la lettre n'est pas garante de la fidélité à l'esprit ou à l'âme d'un texte, mais il est vrai qu'il conviendrait de distinguer les adaptations.

Dans son *Dictionnaire Shakespeare*, à l'article « Cinéma », Henri Suhamy dénombre six catégories de films utiles pour clarifier le débat[1] :

1. Les **films essentiellement visuels**, courts métrages du cinéma muet résumant la trame d'une pièce en quelques minutes. L'absence de dialogue est compensée par la présence d'intertitres.

2. Le **théâtre filmé**, utilisant un minimum de techniques cinématographiques (gros plans sur le visage des acteurs, mouvements de caméra).

3. Les **réalisations proprement cinématographiques** visant à créer un vrai film dans des décors souvent stylisés s'harmonisant avec la poésie du texte. Dans cette catégorie figurerait le célèbre *Songe d'une nuit d'été* de William Dieterle et Max Reinhardt (1935). Le *Henry V* de Laurence Olivier (1944) passe par étapes progressives de la reconstitution d'une représentation sur la scène du Globe à un champ de bataille en plein air au moyen d'enluminures moyenâgeuses inspirées des *Très Riches Heures du duc de Berry*. Son *Hamlet* (1947) se déroule dans un château à mi-chemin entre la convention théâtrale et l'illusion cinématographique. Le *Jules César* de Mankiewicz joue également sur les deux tableaux : le décor est celui d'un *peplum* hollywoodien, où mise en scène et découpage sont cinématographiques, mais où le

1. H. Suhamy (dir.), *Dictionnaire Shakespeare*, *op. cit.*, p. 79-80.

texte est bien celui de Shakespeare et le jeu des acteurs typiquement théâtral. On constate qu'il y a affinité entre la mobilité du montage cinématographique et certains aspects de la dramaturgie shakespearienne : l'ellipse, les expositions *in medias res*, l'éclatement de l'action. Jan Kott pensait que Shakespeare avait anticipé le cinéma. « Shakespeare se prête au cinéma par le lieu non localisé de son théâtre[1]. »

4. Les **transpositions** des œuvres dans un autre environnement historique et géographique qui, tout en suivant le texte de Shakespeare, le délocalisent. Le flamboyant *Romeo + Juliet* (1996) chromo et kitsch de l'Australien Baz Luhrmann avec Claire Danes et Leonardo Di Caprio, qui plonge un texte fidèle à la lettre à l'original shakespearien dans un Los Angeles de *pulp fiction* a connu un immense succès auprès du public jeune et étudiant. La violence des bandes de rues rivales transpose avantageusement le conflit des Capulet et des Montaigu. Le *Richard III* en uniformes fascistes de Richard Loncraine (1995) est un autre exemple récent de transposition historique, dans l'Angleterre des années 1930.

5. Les **visions personnelles** qui consistent à reprendre le texte de Shakespeare mais à en recomposer la dramaturgie selon un découpage différent de l'original. Toutes les réalisations d'Orson Welles relèvent de cette approche, du *Macbeth* brut et tellurique de 1947 – Macbeth-Welles est l'homme des sorcières, des mauvais rêves, des pulsions primaires, déambulant couvert de peaux de bêtes, hagard et enfantin face au maintien déjà souverain de son rival – au merveilleux *Falstaff* si humanisé de 1965

1. Voir M. Ciment, *Shakespeare et le cinéma*, dir. P. Dorval, Actes de la Société française Shakespeare, 1998, p. 200.

en passant par son *Othello* baroque et lyrique de 1952. S'il n'y a pas un mot qui ne soit de Shakespeare, le dialogue est recomposé selon une logique wellesienne qui fait fi de la chronologie des scènes[1].

6. Les films qui, tout en s'inspirant de thèmes traités par Shakespeare, sont conçus sur un **scénario librement élaboré** par les auteurs. *West Side Story* (1961), tragédie musicale de Leonard Bernstein passée de la scène à l'écran grâce à la mise en scène de Robert Wise et la chorégraphie de Jerome Robbins en est l'archétype. L'amour qui naît entre Tony (Richard Beymer) et Maria (Natalie Wood) est d'une fraîcheur merveilleuse au milieu des rivalités de voyous du West Side new-yorkais illustrant la violence communautariste américaine bien avant le *Romeo + Juliet* de Lurhmann. *Le Château de l'araignée* et *Ran* seraient aussi à classer dans cette catégorie, au même titre que le fantaisiste *Shakespeare in love* (1999) scénarisé par le facétieux Tom Stoppard, qui nous montre un Shakespeare débutant (Joseph Fiennes) cherchant un bon titre pour sa prochaine tragédie d'amour et remplaçant, sur la suggestion de son ami Marlowe, *Roméo et Ethel, la Fille du pirate* par le plus fluide *Roméo et Juliette*.

À la périphérie du corpus théâtral, Shakespeare inspire aussi des variations originales, comme le *Shakespeare Wallah* de James Ivory (1965), où une troupe britannique itinérante se confronte au public indien, *Au beau milieu de l'hiver* de Kenneth Branagh (1995), où un acteur au chômage monte *Hamlet*, ou encore l'essai percutant d'Al Pacino, *Looking for Richard* qui, tout en montrant le travail d'une troupe qui répète et

1. Voir F. Thomas, « Orson Welles et le remodelage du texte shakespearien », in *Shakespeare et le cinéma*, *op. cit.*, p. 171-181.

met en scène l'irrésistible ascension puis la chute du bossu shakespearien, explore les rapports que le public américain entretient avec le dramaturge élisabéthain. Plus anciennement (1942), Ernst Lubitsch signait avec *To Be or Not to Be* une comédie satirique délirante lointainement liée au chef-d'œuvre de Shakespeare.

On ne saurait clore ce chapitre sans signaler les nombreuses adaptations télévisuelles. De 1978 à 1985, la BBC a produit l'adaptation télévisée des trente-sept pièces de Shakespeare : *The Complete Dramatic Works of William Shakespeare*. Cet ensemble unique, joué par quelques-uns des meilleurs comédiens britanniques (Derek Jacobi, Anthony Quayle, John Gielgud...) est très fidèle aux textes originaux et propose des mises en scène inspirées de la tradition théâtrale anglaise. Saluons notamment le *Tout est bien qui finit bien* filmé par Elijah Moshinsky, d'une finesse de conception et de réalisation exceptionnelle.

CHAPITRE VII

Shakespeare en France

De sa difficile et tardive réception jusqu'au retournement de l'époque romantique où il devint, grâce à Hugo, le dieu tutélaire du théâtre avant d'acquérir, après la Seconde Guerre mondiale, le statut d'auteur favori des metteurs en scène, la relation entre la France et Shakespeare ne fut pas d'emblée intime ni idyllique.

Dans certains pays européens comme en Allemagne, la découverte de Shakespeare fut immédiatement synonyme d'adoption et d'assimilation. « Véritable saturation de la littérature et de la mentalité allemande par Shakespeare[1]. » Très vite, il s'agit de transposer tout Shakespeare afin de préparer son entrée dans le panthéon littéraire germanique. De manière analogue, « pour la sensibilité russe, Hamlet est l'archétype et le miroir d'une Russie intérieure[2] ».

Rien de tel en France. De fait, il faut attendre cent trente ans après la mort de Shakespeare pour que la première traduction partielle par Antoine de La Place en 1746 ne le fasse découvrir.

---

1. G. Steiner, « L'inadvertance du Docteur Cottard », in *Shakespeare en France*, Actes du congrès de la Société française Shakespeare, 2000, p. 234.
2. *Ibid.*

I. – Les échanges franco-anglais aux XVIIe et XVIIIe siècles

Pourtant, les choses auraient pu s'engager différemment. Un exemplaire du Folio figurait vraisemblablement dans la collection des livres apportés en exil par la petite cour des Stuarts logée à Versailles. D'étroits liens familiaux unissaient Bourbons et Stuarts. De plus, des acteurs anglais s'étaient produits en 1605 à la cour d'Henri IV. Et Ben Jonson, bon connaisseur de l'art dramatique de son pays, avait séjourné en France en 1612 et 1613. En sens inverse, Montchrestien, Jean de Schélandre, Boisrobert s'étaient rendus en Angleterre. À une époque plus tardive, des comédiens de l'Hôtel de Bourgogne s'étaient produits à la cour de Charles Ier et d'autres, ultérieurement, à celle de Charles II. Mais alors qu'au retour des exilés anglais en 1660, la scène de leur pays s'était largement ouverte à l'influence de Molière, rien de comparable n'était advenu en faveur de Shakespeare en France.

À cette époque, la culture française éclipse toutes les autres, et l'anglais est une langue sans véritable audience en Europe. Le triomphe de l'esthétique classique lié au théâtre clos à l'italienne laissa Shakespeare presque ignoré durant plus d'un siècle. Ignoré ou méprisé. Anticipant les piques de Voltaire mais dans le même esprit, Nicolas Clément consacre au Folio deux lignes de son catalogue des imprimés de la bibliothèque royale : « Ce poète a l'imagination assez belle, il pense naturellement, il s'exprime avec finesse, mais ces belles qualités sont obscurcies par les ordures qu'il mêle dans ses comédies. » L'aspect plébéien, rabelaisien, grotesque, obscène de Shakespeare a toujours rebuté l'âge classique et néoclassique.

II. – Anglomanie et anglophobie

Le climat change, et il en va tout autrement lorsque, après sa Glorieuse Révolution de 1688, l'Angleterre prend un essor nouveau. Tout ce qui est anglais suscite une curiosité croissante. S'agissant de théâtre, ce n'est pourtant pas Shakespeare qui attire l'attention, mais les comédies de la Restauration de William Wycherley, la tragédie classique de Joseph Addison ou le drame bourgeois de George Lillo. Les traductions ou adaptations de Shakespeare en français sont fragmentaires et commencent à peine.

Après *Le Théâtre anglois* d'Antoine de La Place (1746-1749)[1], première ébauche, paraissent les adaptations en alexandrins de Jean-François Ducis[2] jouées à la Comédie-Française : *Hamlet* (1769), *Roméo et Juliette* (1772), *Le Roi Léar* (1783), *Macbeth* (1784), *Le Roi Jean sans Terre* (1791) et *Othello* (1792), puis la traduction complète en prose que Pierre Letourneur commence à publier en 1776. Mais c'est surtout à Voltaire qu'on doit la reconnaissance publique du théâtre de Shakespeare en France. De lui, on n'a pourtant retenu que les phrases assassines qui semblent témoigner de sa détestation[3]. Voltaire n'est-il pas celui qui réduit l'œuvre de « cet ivrogne de Shakespeare[4] » à « un

---

1. Voir C. Biet, « *Le Théâtre anglois* d'Antoine de La Place (1746-1749), ou la difficile émergence du théâtre de Shakespeare en France », in *Shakespeare et la France*, *op. cit.*, p. 29-50.
2. Voir J. Golder, « Les tragédies shakespeariennes de Jean-François Ducis (1769-1826) », in *William Shakespeare. Les Nouveaux Cahiers de la Comédie-Française*, Paris, Comédie-Française et L'Avant-scène théâtre, janvier 2014, p. 13-21.
3. Voir D. Chardonnet-Darmaillacq, « Voltaire et Shakespeare : un auteur barbare à l'aune de la dramaturgie classique », *ibid.*, p. 5-11.
4. Lettre à d'Argental, 27 août 1776.

énorme fumier » ? N'est-il pas celui qui, à longueur de correspondance, multiplie les saillies contre cet « histrion barbare »[1] et « grossier[2] », « cet abominable Shakespeare qui n'est, en vérité, qu'un Gilles de village, qui n'a pas écrit deux lignes honnêtes[3] » ?

Pourtant, c'est le même Voltaire qui, contraint à l'exil en 1726, part pour l'Angleterre, s'enthousiasme pour l'esprit de liberté et d'ouverture qui souffle dans la société anglaise… et découvre Shakespeare, aussi bien dans les livres que sur la scène. En 1730, le sujet de sa tragédie *Brutus* s'inspire largement de *Jules César*, comme plus tard *Zaïre* s'inspire d'*Othello*. Paradoxalement, Voltaire a donc joué le rôle double et contradictoire d'introducteur zélé de Shakespeare avant de devenir son plus impitoyable pourfendeur. C'est que le succès immédiat et durable de la traduction de Letourneur avait provoqué la jalousie d'un Voltaire qui n'a pas accepté de se voir supplanté.

III. – Le Shakespeare romantique

Quoi qu'il en soit, cette traduction de Letourneur (1776-1783), conçue dans une atmosphère teintée de préromantisme, marque le début d'une ère nouvelle. C'est à travers elle et à travers les « imitations » de Ducis que Stendhal, puis Hugo découvrent Shakespeare.

Le *Racine et Shakespeare* de Stendhal date de 1823-1825. Les romantiques connaissent la traduction de Letourneur par le truchement de sa republication par Guizot en 1821. L'introduction de cette dernière, intitulée « Vie de Shakespeare », donne une image

1. Lettre au même, 19 juillet 1776.
2. Voltaire, « Observation sur le *Jules César* de Shakespeare ».
3. Lettre à d'Alembert, 3 septembre 1776.

idyllique d'un théâtre élisabéthain populaire et festif, unanimiste (dans le public duquel sont mélangées toutes les classes sociales), susceptible de concourir à la concorde nationale. À l'évidence, c'est une vision très utopique. Mais ce texte a beaucoup inspiré Hugo, qui, en 1827, achève *Cromwell* et sa fameuse préface.

Après la chute de Napoléon et le retour des Bourbons, une anglophobie agressive supplante l'anglomanie du siècle précédent. En 1822, une première troupe de comédiens anglais a échoué à conquérir la France. On a conspué *Othello* et crié : « À bas Shakespeare ! C'est un aide de camp de Wellington ! » Mais de septembre 1827 à juillet 1829, des comédiens anglais des théâtres royaux, de Covent Garden et de Drury Lane, triomphent à l'Odéon ou à la salle Favart à Paris, mais également en province. Cet accueil contribue à recréer un engouement pour Shakespeare. Les représentations firent forte impression et influencèrent l'écriture des dramaturges romantiques.

Alfred de Vigny, qui avait vu *Othello* en 1828, tenta d'imposer son *More de Venise* à la Comédie-Française, introduisant le fameux « mouchoir » dans l'alexandrin poétique. Dans leurs adaptations à la scène comme dans leurs pièces originales, les romantiques empruntent à Shakespeare le mélange des genres, l'alliance du grotesque et du sublime, le *comic relief*[1], la violence, la représentation de la mort sur scène, « pratiquée en France [...] dans les tragédies de Hardy mais que les règles classiques avaient entre-temps interdite[2] ».

1. Contraste et contrepoint grotesque et relâchement de la tension tragique, telle la scène du Portier dans *Macbeth*, qui est émaillée de jeux de mots grivois sur les effets du vin sur l'érection masculine. Elle suit immédiatement la scène de l'assassinat de Duncan par Macbeth.
2. F. Naugrette, *Nouveaux Cahiers de la Comédie-Française*, *op. cit.*, p. 32-39.

L'intérêt pour la *Dramaturgie de Hambourg* de Lessing et les écrivains du *Sturm und Drang* est contemporain de cette shakespearophilie dont Victor Hugo est le principal héraut. Ce Shakespeare romantique arrivé d'Allemagne et importé en France par Mme de Staël, c'est surtout Walter Scott[1] qui l'a rendu populaire par le biais d'*Ivanhoé* (1820) et de *Kenilworth* (1821), où Shakespeare apparaît en personne. Les romans de Scott arrivent alors en tête des ouvrages les plus lus en France. En mars 1822, quelques mois après le fiasco d'*Othello* évoqué plus haut, un mélodrame inspiré de *Kenilworth* est joué au théâtre de la Porte-Saint-Martin, et Alexandre Soumet propose à Hugo de tirer du roman une pièce de théâtre qui deviendra *Amy Robsart*.

Alexandre Dumas adapte *Hamlet* avec Meurice au Théâtre historique en 1847, George Sand adapte quant à elle *Comme il vous plaira* en 1856 à la Comédie-Française, et la traduction intégrale de François-Victor Hugo, en exil avec son père, est publiée chez Pagnerre à partir de 1859. Avec le *William Shakespeare* (1864-1865) de Victor Hugo, une shakespearolâtrie qui remonte à la préface de *Cromwell* atteint son paroxysme. « Près de 600 pages d'un rutilant délire. Shakespeare est effectivement une sorte de premier cousin de Dieu. Sa puissance créatrice [...] fait de son œuvre une analogie à celle du Dieu créateur de notre monde[2]. » Parallèlement, les héros de Shakespeare hantent Banville, Verlaine (« À Horatio », 1863) et bien sûr Rimbaud.

---

1. Voir D. Goy-Blanquet, « Shakespeare en sabots chinois », *La Haine de Shakespeare*, Actes du colloque de Paris du 3 au 5 décembre 2015 à l'université de Paris-Sorbonne, à paraître.
2. G. Steiner, « L'inadvertance du Docteur Cottard », art. cité, p. 232.

IV. – L'hamlétisme

Plus l'œuvre est lue, jouée, plus la référence à Shakespeare est constante, et plus l'admiration est enthousiaste parmi les écrivains français, et ce, bien après la période romantique, à la fin du XIXe et tout au long du XXe siècle. Tous rendent hommage à Shakespeare, qu'ils considèrent avant tout comme l'auteur d'*Hamlet*. C'est cette tragédie-là qui suscite le plus d'échos. La même année 1886, Mallarmé et Laforgue écrivent sur la pièce et le personnage des pages inspirées, car *Hamlet*, selon eux, reflète l'interrogation inquiète des Temps modernes. Un courant d'« hamlétisme » parcourt les lettres françaises de Maurice Barrès à Romain Rolland, touchant Anatole France, Jules Renard, Jacques Rivière, Alain-Fournier, Max Jacob, André Gide (qui traduit *Hamlet* pour Jean-Louis Barrault, puis *Antoine et Cléopâtre*). Paul Valéry dans *Variété I* (« La Crise de l'esprit », 1924) se montre à son tour particulièrement inspiré et lyrique.

Paul Claudel, d'abord disciple de Mallarmé, rompt avec lui et avec l'hamlétisme dans *La Catastrophe d'Igitur*, éloge ambigu, texte ambivalent, pour ne pas dire duplice, qu'il consacre en 1926 à celui qui fut sans doute son principal initiateur profane. L'auteur du *Soulier de satin* considère que son maître a échoué et qu'il n'y a plus dans son œuvre que « des bibelots poussiéreux ». Car il éprouve pour Shakespeare « une admiration sans borne », se disant « tout imprégné de ce grand poète[1] ». Il reconnaît et revendique clairement cette influence dans

1. Lettre à Maurice Barrès, 1910, in *« Tête d'or » de Claudel. Introduction, inédits, variantes et notes*, éd. M. Lioure, Paris, Les Belles Lettres, 1984, p. 45-46.

ses *Mémoires improvisés* : « Quand on voit ma première version de *Tête d'or*, on retrouve partout l'influence de Shakespeare, de sa stylistique, de son répertoire d'images, son mouvement, enfin ses procédés de *composition*[1]. »

V. – Lugné-Poe, Gémier, Copeau, Gide

À l'époque où la lecture de Shakespeare par Claudel contribue à faire germer son œuvre propre, Lugné-Poe veut faire mieux connaître le théâtre élisabéthain. Ses confrères souhaitent en finir avec les lourdes reconstitutions historiques et les changements de décor interminables. Camille de Sainte-Croix inaugure en 1909 des conférences-spectacles destinées à révéler toute l'œuvre[2].

Très tôt, Shakespeare est lié à la recherche d'un théâtre populaire. En pleine guerre, Firmin Gémier reprend à son compte des idées pour lesquelles Camille de Sainte-Croix avait déjà lutté. Il fonde une Société Shakespeare dont le dessein est de favoriser l'avènement d'un théâtre populaire, échappant à l'emprise du mercantilisme et de la vulgarité. En fait, cette Société contribua à la création de deux spectacles assez luxueux : un *Marchand de Venise* au théâtre Antoine (1917), dans des décors d'Émile Bertin imaginés dans l'esprit de Carpaccio et du Véronèse, et un *Antoine et Cléopâtre* (1918) dont un tableau, « L'Orgie chez Cléopâtre »[3], montre des dizaines de figurants. La somptuosité décorative de ce spectacle choqua le critique Jacques-Émile Blanche.

1. *Ibid.*, p. 46.
2. Voir G. Bocquet, « Shakespeare en France », in H. Suhamy (dir.), *Dictionnaire Shakespeare*, *op. cit.*, p. 140.
3. Reproduit par J. Jacquot, in *Shakespeare en France*, *op. cit.*, p. 48.

Il est difficile d'imaginer des personnalités et des démarches plus opposées que celles de Firmin Gémier et de Jacques Copeau, style flamboyant pour l'un, style ascétique pour l'autre. « Le XXe siècle shakespearien commence avec Jacques Copeau et André Gide[1]. » Copeau et Gide, amis depuis leur rencontre en 1903, fondent ensemble la *Nouvelle Revue française* en 1908. Tirant l'enseignement des expériences de William Poel en Angleterre, qui cherche à retrouver des conditions plus proches de la pratique de la scène élisabéthaine, Copeau opte pour l'esthétique du plateau nu. Il s'inspire aussi de Granville Barker, d'Appia et de Gordon Craig.

Le théâtre du Vieux-Colombier ouvre en octobre 1913. La première saison commence par *L'Échange* de Claudel et se termine avec *La Nuit des Rois*, montée par Copeau et qui triomphera dans toute l'Europe et aux États-Unis. Cette réussite éclatante et celle du *Conte d'hiver* en 1920 qu'il traduit avec Suzanne Bing pour la première édition du *Théâtre complet* de Shakespeare dans la « Bibliothèque de la Pléiade » attestent la recherche par Copeau de nouvelles conditions scénographiques. Cette leçon de sobriété se transmet à trois des fondateurs du Cartel[2], Gaston Baty, Georges Pitoëff et surtout Charles Dullin, attiré comme lui par le théâtre élisabéthain et à qui on doit un Richard III mémorable à la voix nasillarde (dont on peut encore aujourd'hui écouter des enregistrements). Le Vieux-Colombier rouvre après la Première Guerre en 1920, mais la compagnie s'installe en 1924 dans

1. D. Goy-Blanquet, « Est-ce Shakespeare qu'ils aiment ? », in J. Golder (dir.), « Shakespeare sur la scène française hier et aujourd'hui », *European Drama and Performance Studies*, 2016-1, n° 6, à paraître.
2. Voir J. Jacquot, in *Shakespeare en France*, *op. cit.*, p. 63-91.

un village près de Beaune. En 1929, une partie des Copiaux se constitue en Compagnie des Quinze sous la direction du neveu de Copeau : Michel Saint-Denis qui, avec Peter Brook et Peter Hall, devient codirecteur de la Royal Shakespeare Company en Angleterre et qui, en France, crée en 1952 l'École supérieure d'art dramatique de Strasbourg.

VI. – Vilar, le Festival d'Avignon et la décentralisation théâtrale

Ces années de l'après-guerre, marquées par l'apport de Vilar, la création du Festival d'Avignon et le mouvement de la décentralisation théâtrale, mettent fin à la période de glaciation de la Seconde Guerre mondiale. L'occupation allemande permit quelques représentations de Shakespeare, dont la reprise en 1941 de *La Nuit des Rois* de Copeau à la Comédie-Française, mais, en mars 1942, Charles Granval dut remplacer la traduction d'*Hamlet* réalisée par Eugène Morand et Marcel Schwob, juif, par celle de Guy de Pourtalès. À partir de la fin 1943, seuls ceux qui auraient monté auparavant une pièce allemande purent monter une œuvre de Shakespeare.

Au sortir de la guerre, Jean-Louis Barrault, étudiant et ami de Dullin (tout comme Artaud, Vilar et Roger Blin) apporte le renouveau, avec son enthousiasme et ce charisme que Carné immortalisa au cinéma dans *Les Enfants du paradis*. Il monte dans les traductions d'André Gide *Antoine et Cléopâtre* à la Comédie-Française (1945), puis inaugure, avec un *Hamlet* (1946), la compagnie qu'il vient de fonder avec Madeleine Renaud. Barrault fut accusé par certains, louangé par d'autres, pour avoir vu surtout dans *Hamlet* le drame de la pensée. Par la suite, il met en scène *Jules César* (1960) dans une traduction d'Yves Bonnefoy et... une pièce historique en trois parties, probablement la première pièce écrite par Shakespeare : *Henry VI* (1966), qui, cinquante ans plus tard, fera l'objet, sous l'impulsion de Thomas Jolly (aux Ateliers Berthier), d'un étonnant marathon de treize heures de spectacle, épopée théâtrale mâtinée d'opéra-rock.

On a souvent remarqué que les metteurs en scène français ont surtout accueilli et monté les tragédies, tardant plus à s'intéresser à l'univers lunaire des comédies, négligeant tout à fait les pièces historiques... à l'exception notable de *Richard III*, qui fut joué à Paris à la Comédie-Française dès 1781 et 1782 dans une libre adaptation de Firmin de Rozoi[1]... jusqu'à Vilar, qui inaugure avec *Richard II* le premier Festival d'Avignon en 1947.

La révolution vilarienne fut une expérience humaine et théâtrale passionnante, une libération du théâtre parisien routinier et des contraintes de la scène à l'italienne, où la rampe sépare acteurs et spectateurs. Elle fut aussi l'occasion de dénoncer l'omnipotence du metteur en scène, qualifié de « thaumaturge égocentriste[2] », Vilar lui-même préférant se désigner comme régisseur. Le travail du régisseur est un travail d'interprétation et non de création. Vilar réaffirme sa soumission à l'auteur, la primauté du texte et du jeu des acteurs. En 1954, il monte un *Macbeth* qui fut une expérience douloureuse

1. Voir F. Israël, « *Richard III* sur la scène française », in D. Goy-Blanquet et R. Marienstras, *Le Tyran, Shakespeare contre Richard III (Sterne)*, Amiens, CERLA, 1990 p. 151-161.
2. J. Vilar, *Le Théâtre service public, et autres textes*, éd. A. Delcampe, Paris, Gallimard, 1975 ; rééd. 1986, p. 295, cité par D. Goy-Blanquet, in « Est-ce Shakespeare qu'ils aiment ? », in J. Golder (dir.), « Shakespeare sur la scène française hier et aujourd'hui », *op. cit.*

pour lui, interprétant le rôle-titre de façon intériorisée et visionnaire, le drame se déroulant dans sa pensée, face à une Maria Casarès plus instinctive dans Lady Macbeth, jouant dans un registre plus émotionnel. Son dernier spectacle shakespearien fut un *Songe d'une nuit d'été* (1959) créé dans la nuit avignonnaise propice au rêve, mais qui s'accommoda davantage des artifices d'une salle fermée, le palais de Chaillot, temple parisien hivernal du TNP.

VII. – Le triomphe du metteur en scène

La transition est toute trouvée pour évoquer à grands traits la période de la décentralisation (dont les premiers animateurs furent Hubert Gignoux, fondateur de la Comédie de l'Ouest, Maurice Sarrazin, fondateur du Grenier de Toulouse, Guy Rétoré, fondateur de la Guilde, devenue théâtre de l'Est parisien…) à travers le parcours artistique du plus représentatif d'entre eux : Roger Planchon, qui hérita du sigle TNP.

Dans le contexte français, la visite à Paris en 1954 du Berliner Ensemble a fait de Brecht l'influence majeure des décennies qui ont suivi. Planchon, pour qui la découverte de Shakespeare et des élisabéthains fut aussi déterminante que celle de Brecht, fait choix des deux parties de *Henry IV* pour l'inauguration du théâtre de la Cité à Villeurbanne en 1957, confirmant l'importance des pièces historiques dans la création d'une nouvelle dramaturgie populaire.

Ce *Henry IV* de stricte obédience brechtienne, marqué par l'interprétation éblouissante de Jean Bouise dans le rôle de Falstaff et par la qualité plastique des décors et des costumes de René Allio, fut suivi six ans plus tard par un *Troïlus et Cressida* satirique et amer, plus distant du Brecht théoricien. Planchon déclare à ce propos :

« Je suis devenu classique, je découvre Aristote », faisant apparaître l'écueil des simplifications de caractère didactique. Son *Richard III* donné au Festival d'Avignon de 1966, non dans l'enceinte du palais des Papes mais devant ses murs, dans une arène fermée, déployait « cet atroce mécanisme de l'Histoire » dont parle Jan Kott. Planchon la rend visible sur scène en faisant que tout devienne machine, engins de combat, pics, herses, instruments de torture. « Des costumes uniformément beiges, grèges, blancs intégraient les hommes à la muraille[1] ».

Onze ans plus tard, lorsque Planchon revient à Shakespeare au TNP de Villeurbanne avec *Périclès, prince de Tyr* (1977) et *Antoine et Cléopâtre* (1978), c'est moins en metteur en scène qu'en auteur dramatique ébloui par sa poésie. Il s'émerveille devant l'audace des œuvres de la dernière manière de Shakespeare, dont il compare l'aventure artistique à celle de Matisse et de ses papiers collés[2]. Cédons-lui la parole pour conclure cette évocation d'un parcours significatif : « Depuis plus de trois cents ans déjà, le théâtre le plus profond se ressource en Shakespeare. [...] Présenter Shakespeare pour des comédiens, c'est d'abord trembler de ne pouvoir transmettre ces merveilles, car la poésie, souvent mièvre ou absente de nos spectacles de théâtre, est là, jaillissante, confondante de simplicité et d'ampleur[3]. »

La parution de l'ouvrage de Jan Kott, *Shakespeare notre contemporain*[4], fit franchir une étape décisive à la

1. F. Israël, « *Richard III* sur la scène française », art. cité, p. 157. Lire aussi l'analyse fine et enthousiaste de G. Sandier in *Tréteaux 67*, avril 1967, n° 1, p. 205-208.
2. Voir R. Planchon, « Trembler devant Shakespeare », *Cahiers élisabéthains*, octobre 1979, n° 16, p. 59-68.
3. *Ibid.*, p. 59.
4. J. Kott, *Shakespeare notre contemporain*, trad. A. Posner, Paris, Julliard, 1962.

montée en puissance du statut de Shakespeare comme suprême figure de l'art du théâtre, et « comme un maître à penser le monde actuel » et parallèlement, à « l'irrésistible ascension » du metteur en scène[1]. Cette montée en puissance nous a valu pendant quarante ans, des années 1970 à la première décennie du XXIe siècle, une floraison de Shakespeare d'une inventivité et d'une force exceptionnelles, de Giorgio Strehler (*Re Lear,* en 1972, reprise à l'Odéon en 1977 ; *La Tempesta,* en 1978) à Luc Bondy (*Le Conte d'hiver*) et de Brook (*Le Songe d'une nuit d'été, Timon d'Athènes, Mesure pour mesure, La Tempête, Hamlet*) à Ariane Mnouchkine (*Richard II, La Nuit des Rois, Henry IV*), Langhoff (*Le Roi Lear, Richard III*), Chéreau (*Hamlet*), Llorca (*Kings*), Lavaudant (*Le Roi Lear, Hamlet, La Tempête*), Sobel (*Timon d'Athènes, La Tempête, Coriolan, Le Roi Jean, Three Penny Lear*), Vincent (*Peines d'amour perdues, Macbeth, Tout est bien qui finit bien*) et de Stéphane Braunschweig (*Le Conte d'hiver, Mesure pour mesure, Le Marchand de Venise*), à Laurent Pelly (*Peines d'amour perdues, Le Roi Jean, Macbeth, Le Songe d'une nuit d'été*), Serge Noyelle (*Macbeth*), Cécile Garcia-Vogel (*Le Marchand de Venise*), Dominique Pitoiset (*Timon d'Athènes, Othello*), André Engel (*Le Roi Lear*, avec Michel Piccoli…), Jean-Louis Benoît (*Henry V, La Nuit des Rois*), Philippe Torreton (*Henry V, Richard III, Hamlet*), Philippe Calvario (*Cymbeline, Richard III*), et pourtant cette déjà longue liste est incomplète…

Aujourd'hui, Shakespeare est partout. Il est l'auteur favori des comédiens et des metteurs en scène. Les mises en scène, toujours plus nombreuses, reflètent

1. D. Goy-Blanquet, « Est-ce Shakespeare qu'ils aiment ? », in J. Golder (dir.), « Shakespeare sur la scène française hier et aujourd'hui », *op. cit.*

la variété des expériences théâtrales. Triomphent en Avignon et à l'Odéon Thomas Ostermeier (*Hamlet, Mesure pour mesure*), à Chaillot, Ivo van Hove (*Kings of War*) et à Sceaux Declan Donnellan (qui monte peu à peu toute l'œuvre depuis son inoubliable *Comme il vous plaira* avec Adrian Lester aux Bouffes du Nord dans une distribution entièrement masculine), nous promettant les plus intenses soirées de plaisir, d'intelligence et d'émotion.

Peut-on percevoir une moindre créativité, un essoufflement ? Il est trop tôt pour le dire… Vitez pensait que tant que l'on n'aurait pas changé de société et de civilisation, le théâtre de Shakespeare resterait une œuvre source et matricielle.

Conclusion

Shakespeare triomphe. Il est aujourd'hui plus joué que Molière. Les mises en scène témoignent de la variété des expériences théâtrales et se succèdent à un rythme effréné, déployant les mille manières de monter Shakespeare et de rechercher un lien avec notre époque, faisant découvrir ou réinterrogeant des œuvres moins connues, plus singulières, plus problématiques, comme *Tout est bien qui finit bien*... qui finit si mal, *Le Roi Jean*, la pièce la plus brechtienne et matérialiste des *Histoires*, *Les Deux Nobles Cousins*, conte étrange, *Henry V*, épopée nationaliste critique, peut-être anti-militariste, jouée pour la première fois en français en 1999 par Philippe Torreton.

Le désir des acteurs les pousse toujours vers ce poète de la scène à l'imaginaire flamboyant, même traduit dans la langue de Molière. Le rêve le plus cher du clown afro-cubain Chocolat, premier artiste noir devenu célèbre à la Belle Époque dans son duo comique avec Footit, n'était-il pas d'interpréter Othello ? Les comédiennes, par-delà les rôles féminins de Marguerite d'Anjou dans les *Henry VI* et *Richard III*, Rosalinde, Viola, Olivia, Ophélie, Desdémone, Lady Macbeth, Cléopâtre, Perdita, Hermione, jouent parfois en travestis les rôles de Richard III (Cécile Garcia-Vogel), Richard II (Fiona Shaw), Hamlet (Sarah Bernhardt), Lear (Maria Casarès).

Shakespeare est aussi l'auteur favori des metteurs en scène, dont l'engouement et la passion peuvent s'exprimer dans des mises en pièces iconoclastes. Aujourd'hui, c'est le metteur en scène plus que l'universitaire, plus que le traducteur, le véritable truchement d'un Shakespeare érigé en maître à penser le monde, en particulier le monde actuel. C'est lui qui interprète son univers, en commandant des traductions, voire en traduisant lui-même sans forcément être angliciste ni bon connaisseur de la langue élisabéthaine. En Angleterre, l'interprète, c'est plutôt l'acteur qui joue le texte original, le metteur en scène se contentant d'être un maître d'ouvrage. En France, le metteur en scène est non seulement le maître d'œuvre, mais aussi le maître du sens, voire l'auteur à la place de l'auteur. Le triomphe de Shakespeare sur nos scènes, c'est en tout cas le triomphe du metteur en scène.

Ce triomphe présente néanmoins un côté factice, mensonger et frelaté. Shakespeare n'a-t-il pas changé de statut, passant de « héraut des révolutions formelles et poétiques » au statut de « pilier de notre espace culturel », voire de « pilier du système éducatif » au titre de « monument national consensuel » ? « L'étendard de chaque révolution théâtrale en France serait-il l'arme d'un nouveau conformisme ? d'un nouveau commerce ? »[1].

La popularité de Shakespeare depuis une vingtaine d'années doit beaucoup au cinéma. Si Branagh, dans son *Beaucoup de bruit pour rien*, a fait fondre au soleil de Toscane les ironies et les sombres ambiguïtés shakespeariennes, il a indéniablement fait découvrir « le Barde » à un public jeune. En revanche, le succès planétaire du *Romeo + Juliet* de Baz Luhrman auprès des adolescents est surtout un succès financier. Le film joue cyniquement sur deux tableaux : d'un côté, le texte sacralisé de Shakespeare fait office de caution culturelle ; de l'autre, pour mieux plaire au jeune public, le réalisateur donne

1. D. Goy-Blanquet, « Est-ce Shakespeare qu'ils aiment ? », in J. Golder (dir.), « Shakespeare sur la scène française hier et aujourd'hui », *op. cit.*

une image démagogique d'une société californienne libre et ouverte contredisant les codes et les valeurs de la société fermée que décrit précisément Shakespeare.

Faire aimer Shakespeare par tous les moyens, tel peut être le but de Hollywood. Multiplier les efforts pour séduire et capter l'attention d'un public habitué au zapping plutôt qu'à la lecture ou à l'écoute attentive, effacer la poésie, telle ne peut pas être l'ambition des artisans de la scène amoureux de Shakespeare. Au demeurant, les plus grands savent explorer les œuvres à rebours des conventions bourgeoises, tel Peter Brook, qui sut combiner l'esthétique du plateau nu, les leçons de pensée de Kott, de Brecht et de Beckett, l'expérience de Grotowski et la recherche d'un théâtre interculturel. Pendant la saison du théâtre de la cruauté à la Royal Shakespeare Company en 1964, Peter Brook et Charles Marowitz avaient donné une série de spectacles qui avait commencé par le *Marat-Sade* de Peter Weiss et qui finit par *Les Paravents* de Genet, avec, entre les deux, des travaux d'atelier, improvisations et autres visant à mettre en exercice les principes d'Artaud, et joué son *Jet de sang*.

Le même Artaud rappelait que « c'est notre vénération devant ce qui a été déjà fait, si beau et si valable que ce soit, qui nous stabilise. [...] Shakespeare lui-même est responsable de cette aberration et de cette déchéance[1] ». Shakespeare peut-être pas, mais la célébration des poètes morts au détriment des poètes vivants, oui. Gageons que seul le dialogue constructif entre répertoire revivifié et ouverture à l'écriture poétique et dramatique nouvelle garantira l'authenticité et la richesse de la création théâtrale.

1. A. Artaud, « En finir avec les chefs-d'œuvre », *Le Théâtre et son double*, in *Œuvres complètes*, Paris, Gallimard, 1964, p. 94 et 92.

BIBLIOGRAPHIE

ŒUVRES COMPLÈTES

En anglais

The Arden Shakespeare Complete Works, éd. R. Proudfoot, A. Thompson et D. Scott Kastan, Londres, Methuen Drama, 2011.

William Shakespeare, *The Complete Works*, éd. G. Taylor et S. Wells, Oxford et New York, Clarendon Press et Oxford University Press, 2005.

The Norton Shakespeare, éd. sous la direction de S. Greenblatt, New York, WW. Norton, 1997.

En français

Œuvres complètes, éd. sous la direction de J.-M. Déprats et G. Venet, Paris, Gallimard, « Bibliothèque de la Pléiade », depuis 2002.

Œuvres complètes, éd. sous la direction de M. Grivelet et G. Montsarrat, Paris, Robert Laffont, « Bouquins », depuis 1997.

Les traductions de François-Victor Hugo continuent à être rééditées. Outre les traductions universitaires bilingues déjà anciennes publiées chez Aubier-Montaigne, il existe plusieurs volumes aux Belles Lettres publiés sous la direction d'André Koszul (en alexandrins). Les traductions d'André Markowicz en décasyllabes ont été publiées par Actes Sud (« Babel ») et reprises par Les Solitaires Intempestifs. Les traductions d'Yves Bonnefoy sont publiées dans la collection « Folio théâtre » (Gallimard) ou au Mercure de France. Chaque mise en scène nouvelle d'une pièce de Shakespeare occasionnant une nouvelle traduction, on ne peut, dans ce cadre, répertorier de façon exhaustive toutes les versions récentes.

TRADUCTIONS DES *SONNETS*

Les Sonnets de Shakespeare, éd. bilingue et trad. J. Hillion, Paris, L'Harmattan, 2015.

Sonnets, éd. bilingue et trad. J. Darras, Paris, Grasset, 2013.

Sonnets, éd. bilingue et trad. R. Ellrodt, Arles, Actes Sud, 2007.

Les Sonnets, précédés de *Vénus et Adonis* et du *Viol de Lucrèce*, trad. Y. Bonnefoy, Paris, Gallimard, « Poésie », 2007.

BIOGRAPHIES

Ackroyd P., *Shakespeare. La biographie*, trad. B. Turle, Paris, Philippe Rey, 2006.

Magui J.-M. et A., *William Shakespeare*, Paris, Fayard, 1996.

Schoenbaum S., *William Shakespeare*, trad. A.-D. Balmès, Paris, Flammarion, 1996.

OUVRAGES, ESSAIS ET ÉTUDES CRITIQUES

En français

Banu G., *Shakespeare. Le monde est une scène*, Paris, Gallimard, « Pratique du théâtre », 2009.

Bonnefoy Y., *Shakespeare. Théâtre et poésie*, Paris, Gallimard, 2014.

Brook P., *L'Espace vide*, trad. C. Estienne et F. Fayolle, Paris, Seuil, 1977.

Brunel P., *Claudel et Shakespeare*, Paris, Armand Colin, 1971.

Edwards M., *Shakespeare. Le poète au théâtre*, Paris, Fayard, 2009.

Ellrodt R., *Montaigne et Shakespeare. L'émergence de la conscience moderne*, Paris, José Corti, 2011.

Girard R., *Shakespeare. Les feux de l'envie*, Paris, Grasset, 1990.

Goy-Blanquet D., *Shakespeare et l'invention de l'histoire*, Bruxelles, Le Cri, 2004 ; rééd. augmentée, Paris, Classiques Garnier, 2014.

Hugo V., *William Shakespeare*, éd. D. Peyrache-Leborgne, Paris, Flammarion, « GF », 2014.

Jacquot J., *Shakespeare en France*, Mises en scène d'hier et d'aujourd'hui, Paris, Le Temps, 1965.

Kott J., *Shakespeare notre contemporain*, trad. A. Posner, Paris, Marabout, 1965.

Laroque F., *Dictionnaire amoureux de Shakespeare*, Paris, Plon, 2016.

Marienstras R., *Le Proche et le Lointain*, Paris, Minuit, 1981.

Peyré Y., *La Voix des mythes dans la tragédie élisabéthaine*, Paris, CNRS, 1996.

Suhamy H. (dir.), *Dictionnaire Shakespeare*, Paris, Ellipses, 2005.

–, *Shakespeare*, LGF, « Le Livre de Poche », 1996.

Venet G., *Temps et vision tragique. Shakespeare et ses contemporains*, Paris Presses de la Sorbonne-Nouvelle, 2002.

Willems M., *La Genèse du mythe shakespearien*, Paris, Puf, 1995.

Wilson J.D., *Vous avez dit Hamlet ?*, trad. D. Goy-Blanquet, Paris et Nanterre, Aubier et Amandiers, 1988.

En anglais

Bate J., *The Genius of Shakespeare*, Oxford, Oxford University Press, 1998.

Bullough G., *Narrative and Dramatic Sources of Shakespeare*, Londres, Routledge, 1957-1975, 8 vol.

Dobson M., Wells S. (éd.), *The Oxford Companion to Shakespeare*, Oxford, Oxford University Press, 2001.

Evans B., *Shakespeare's Comedies*, Oxford, Oxford University Press, 1960.

Frye N., *A Natural Perspective : The Development of Shakespeare's Comedy and Romance*, New York, Columbia University Press, 1965.

Greenblatt S., *Shakespearean Negotiations : The Circulation of Social Energy in Renaissance England*, Oxford, Clarendon Press, 1988.

Hatchuel S., *Shakespeare from Stage to Screen*, Cambridge, Cambridge University Press, 2004.

Holland P., *English Shakespeare : Shakespeare on the English Stage in the 1990s*, Cambridge, Cambridge University Press, 1997.

Iser W., *Staging Politics : The Lasting Impact of Shakespeare's Histories*, New York, Columbia University Press, 1993.

Jackson R., *Shakespeare and the English-speaking Cinema*, Oxford, Oxford University Press, 2014.

Kennedy D., *Foreign Shakespeare*, Cambridge, Cambridge University Press, 1993.

Knight G.W., *The Shakespearean Tempest*, Oxford, Oxford University Press, 1932.

Rossiter A.P., *Angel with Horns*, Londres, Longman, 1961.

Salingar L., *Shakespeare and the Traditions of Comedy*, Cambridge, Cambridge University Press, 1986.

Shapiro J.S., *Contested Will : Who Wrote Shakespeare ?*, Londres, Faber & Faber, 2011.

Spivack B., *Shakespeare and the Allegory of Evil*, New York, Columbia University Press, 1958.

Tillyard E.M.W., *The Elizabethan World Picture*, Harmondsworth, Penguin, 1963.

Vienne-Guerrin N., *Shakespeare's Insults. A Pragmatic Dictionary*, Londres et New York, Bloomsbury Academic, 2016.

Wells S., *Shakespeare for All Times*, Oxford, Oxford University Press, 2003.

Wilson R., *Shakespeare in French Theory : King of Shadows*, Londres, Routledge, 2007.

TABLE DES MATIÈRES

Composition et mise en pages
Nord Compo à Villeneuve-d'Ascq

Imprimé en France
par la Nouvelle Imprimerie Laballery
rue Louis Blériot 58500 Clamecy
mars 2016 - N° 603282

La Nouvelle Imprimerie Laballery est titulaire de la marque Imprim'Vert®